Inhaltsverzeichnis

Didaktisch-methodische Hinweise

Die Übungshefte „Diktattexte plus" tragen der Erkenntnis Rechnung, dass der Lernerfolg am ehesten dann gewährleistet ist, wenn Aufgaben und Übungen in funktionale Zusammenhänge eingebettet sind. Texte und Aufgaben berücksichtigen die Erfahrungswelt der Kinder, ihre Interessen und Neigungen. Viele Aufgaben sind daher so angelegt, dass sie sich auf spielerische Weise lösen lassen.

Die Diktatübungs-Einheiten, die aus einem Diktattext und einem Übungsteil bestehen, sind nach Rechtschreibphänomenen geordnet. Die Übungen beziehen sich zunächst mit dem Diktattext und den unmittelbar daran anschließenden Aufgaben auf die Rechtschreibung, greifen dann aber auf andere Bereiche des Deutschunterrichts über: Grammatik, Ausdruck, Aufsatzlehre, Literatur. Sie regen zur selbstständigen Anwendung des Gelernten an und sind, der Altersstufe entsprechend, in den Arbeitstechniken weitgehend handlungsorientiert.

Besonderer Wert wurde auf Methodenvielfalt gelegt:

- Anlegen und Führen einer Fehlerkartei
- Zuordnen von Wörtern in Tabellen nach grammatischen Gesichtspunkten und Rechtschreibphänomen
- Erstellen von Wörterlisten und Wortalphabeten
- Suchen nach Reimwörtern, Bilden von Wortfamilien
- Aufgaben zum Umformulieren
- selbstständiges Formulieren von Beispielsätzen
- Weiterschreiben von kurzen Geschichten
- Schreiben von Tagebucheinträgen, Erstellen eines Arbeitsplans
- Anfertigen oder Lösen von Silbenrätseln

  und anderes mehr.

Die Diktattexte sind der Altersstufe entsprechend kurz gehalten; wo sie länger ausfallen, werden sie in Abschnitten angeboten, die eine separate Wortzählung aufweisen. So kann zum Beispiel ein Absatz diktiert, der andere als Übungstext auf einem Arbeitsblatt ausgeteilt werden. Es ist möglich, einen Absatz gemeinsam an der Tafel festzuhalten und den anderen ins Heft schreiben zu lassen. Lesepausen erleichtern das Diktieren in Sinnabschnitten. Wörter, die in ihrer Schreibweise oder dem Inhalt nach als unbekannt vorausgesetzt werden müssen, sind für die Tafelanschrift unter dem Diktattext vermerkt. Die Arbeitsanweisungen sind schülergerecht formuliert und ohne weitere Änderungen im Unterricht einsetzbar.

Aufbau einer Doppelseiten-Einheit

1. Der Diktattext ist geeignet
   - als Lehrer- oder Partnerdiktat zu Beginn der Stunde zur Ermittlung des Leistungsstandes
   - zum Abschluss der Stoffeinheit als Kontrolldiktat
   - als Einführungstext für die Stoffeinheit oder als Übungstext zur Festigung des Phänomens auf einem Arbeitsblatt
   - als Lückentext zur Bearbeitung während der Stunde
   - als Grundlage für Hausaufgaben

2. Der Übungsteil enthält
   - Aufgaben zur Auswertung des Diktattextes, wie zum Beispiel gemeinsame, gruppenweise oder gegenseitige Korrektur, Fehleranalyse, Suche nach dem Rechtschreibphänomen, Festhalten der orthografischen Besonderheiten, Arbeit mit der Fehlerkartei
   - weiterführende Übungen zur Wortschatzerweiterung, zur Wortbildung, Grammatik (Wort- und Satzlehre), zur Aufsatzlehre (selbstständige Anwendung des Gelernten in ähnlichem oder neuem Zusammenhang)
   - fächerverbindende Anregungen und Arbeitsaufträge, Vorschläge für Projekte

Der Diktattext und die unmittelbar daran anschließenden Übungen sollten im Unterricht nicht getrennt voneinander behandelt werden. Zur Lernerfolgskontrolle werden als didaktischer Abschluss eines Rechtschreibphänomens **Testdiktate** angeboten. Um die Arbeit mit den Diktatübungen zu erleichtern, sind im Anhang **Lösungshinweise** angegeben.

Wann beginnt der Frühling?

Laut Kalender, das wissen alle, | beginnt der Frühling am 21. März. | Dann steht die Sonne über dem Äquator | und die Tage werden für uns deutlich wärmer. | Unabhängig vom kalendarischen Frühlingsanfang | gibt es aber auch andere Anzeichen für das Erwachen der Natur. | Schneeglöckchen und Krokusse wachsen nun in den sonnigen Vorgärten. | Auf den Spielplätzen klettern die Kinder auf Spielgerüsten herum, | rennen hinter ihrem Ball her | oder sausen mit Fahrrädern davon. | 69

An schönen Sonnentagen ist der Himmel besonders blau. | Manchmal lässt sich der Frühling sogar schnuppern. | Es riecht nach ihm, wenn der Boden langsam trocknet. | Nicht zuletzt erkennt man den kommenden Frühling auch an der Garderobe der Menschen. | Im Winter sind die Kleidungsstücke meist dunkel. | Nun kommt Farbe in die Mode – mit bunten Jacken, Mänteln und Hosen. 56

Tafel: Äquator, kalendarisch

1. ***a)*** *Lies den Text deines Banknachbarn sorgfältig durch und korrigiere, was dir falsch erscheint. Unterstreiche das falsch geschriebene Wort und markiere den Fehler am Rand. Nutze bei Unsicherheiten ein Wörterbuch.*
b) *Fertige zu deiner Arbeit eine Fehleranalyse an. Trage die Wörter, die du falsch geschrieben hast, in richtiger Schreibweise in die Tabelle ein und unterstreiche die Fehlerstelle.*

Doppelkonsonant	andere Konsonantenverbindungen (ck, ng, st, tz)	sonstige Rechtschreibfehler
Krokusse	Schneeglöckchen	Frühling
...	...	...

2. *Verbessere deine Fehler in der Fehlerkartei und bilde zu jedem Wort zwei Ableitungen oder Zusammensetzungen.*
Beispiel: Schärfung/Doppelkonsonanten
ll – der Fall, befallen, der Zufall
mm – entkommen, verkommen, heimkommen
nn – sonnig, die Sonne, der Sonnenschein

3. ***a)*** *Lies das Diktat aufmerksam durch. Welche Konsonantenverbindungen zeigen an, dass der vorhergehende Vokal kurz gesprochen wird?*
Schreibe aus dem Diktat die entsprechenden Wörter heraus.
b) *Welche anderen Doppelkonsonanten oder Konsonantenverbindungen kennst du?*
Notiere dazu jeweils ein Beispielwort.

4. *Suche zu jedem Doppelkonsonanten drei weitere Beispiele:*
bb – ein Hobby für die Freizeit, ...
dd – ein Pudding als Nachtisch, ...
gg – ein Bagger im Steinbruch, ...
rr – ein Barren in der Turnhalle, ...

5. *In Fremdwörtern gibt es auch k und z als Doppelkonsonanten.*
Welche weiteren Beispiele kennst du?
kk – Makkaroni zum Mittagessen, ...
zz – eine Skizze für den Wanderweg, ...

6. *Wie wird der Laut kk in deutschen Wörtern geschrieben?*
Nenne fünf Beispiele und bilde mit jedem Wort einen Satz.

7. *Bilde Reimwörter, notiere sie in deinem Heft. Unterstreiche die Doppelkonsonanten bzw. die Konsonantenverbindungen.*
Schnecke, recke, ...
Ball, Schall, ...
Mücke, bücke, ...
Tasse, fasse, ...
Schürze, ...

8. *Schreibe aus dem zweiten Absatz des Diktats alle trennbaren Wörter heraus und markiere dabei die Silbentrennung. Informiere dich, wenn du unsicher bist, in einem Wörterbuch.*
schö|nen, Son|nen|ta|gen, Him|mel, ...

9. *Wie erlebst du den Frühling? Schreibe eine kurze Erlebniserzählung zum Thema: Das war ein schöner Frühlingstag!*

Essen im Mittelalter

Im Mittelalter stellten die Fürsten mit großen Essgelagen ihren Reichtum zur Schau. | Alle Gänge einer Mahlzeit wurden gleichzeitig gereicht, | sodass die Gäste gar nicht wussten, | wovon sie zuerst nehmen sollten. | Oft wurden auch die Speisen vom Vortag im Hintergrund aufgetürmt, | weil das den Eindruck von Überfluss vortäuschte. | Es herrschte stets ein lautes Geklapper, | denn man aß gemeinsam von Platten und aus Schüsseln. | Teller und anderes Geschirr wurden selten benutzt. | Anstatt Messer und Gabel verwendete man die Finger, | die Soße wurde mit Brotstücken aufgetunkt. | Zum Nachtisch knabberte man kandierte Früchte | oder genoss andere Süßigkeiten. | 93

Die armen Leute hingegen ernährten sich normalerweise | nur von dünner Suppe, Roggenbrei und Brot. | Zu besonders großen Festgelagen wurden sie zwar manchmal eingeladen; | sie waren aber oftmals nur Zuschauer. | Bei prunkvollen Fürstenhochzeiten allerdings | durften auch sie mit den anderen schlemmen. 40

1. ***a)*** *Lies den Text aufmerksam. Unterstreiche alle Wörter, die einen Doppelkonsonanten aufweisen und setze unter den vorhergehenden kurz gesprochenen Vokal einen Punkt.*
b) *Schreibe nun die Wörter heraus, in denen auf einen kurzen betonten Vokal zwei oder mehrere verschiedene Konsonanten folgen, und unterstreiche diese.*

2. *Sprich die folgenden Wörter laut und deutlich aus. Was stellst du fest? Formuliere einen Merksatz.*
stellen, stehlen, essen, ehren, plappern, klappern, rubbeln, Rubel, rasen, fließen, gießen, Überfluss, Messer, Löffel, höflich, Soße, genossen, knabbern, Rabe, Kartoffel

3. *Übertrage den Tabellenkopf in dein Heft und ordne die Wörter von Aufgabe 2 in die richtige Spalte ein.*

langer betonter Vokal	kurzer betonter Vokal
stehlen	stellen
...	...

4. *Suche zu den folgenden Wörtern wenigstens je zwei verwandte Wörter aus der Wortfamilie. Unterstreiche den Doppelkonsonanten.*
Mittelalter – ...
Essgelage – ...
Überfluss – ...
voll – ...
herrschen – ...
klappern – ...
Platten – ...

5. *Suche Reimwörter. Wer findet die meisten?*
Messer – besser, ...
Teller – heller, ...
Schüssel – Rüssel, ...
Platten – Schatten, ...
Knappen – Wappen, ...
genoss – Schloss, ...
voll – soll, ...

6. *Überlege, wie wohl das Leben auf einer mittelalterlichen Burg ausgesehen haben mag. Schreibe eine Geschichte darüber und verwende dabei einige der folgenden Wörter.*
Ritterrüstung, Zugbrücke, Wall und Graben, Rammbock, stürmen, Zinnen, Schießscharten, Ziehbrunnen, Verließ, hochklettern, zittern, rasselnde Ketten, Waffenkammer, Wettkämpfe, vermummte Gestalten, Knappen, herunterrollen, ...

7. *Erkundige dich in einer Bibliothek nach Büchern über die Küche des Mittelalters. Was haben die Burgherren gespeist, welche Gemüse- und Getreidearten kamen auf den Tisch ihrer Untertanen? Mache dir Notizen und berichte vor der Klasse, was damals gegessen wurde. Vielleicht findest du auch ein Rezept, das du dann im Klassenzimmer aushängen kannst.*

Eine Million Ideen

In der Klasse 6c haben die Schülerinnen und Schüler | großes Interesse an gemeinsamen Veranstaltungen. | In einer Diskussionsrunde wurden Vorschläge gesammelt | und Pläne geschmiedet, | was man alles machen könnte. | „Wir veranstalten ein Picknick. | Ich bringe Pizza und zum Nachtisch Pudding mit“, | ruft Ilka in die Debatte. | „Überhaupt wäre ein Kochklub nicht schlecht. | Makkaroni kann ich sehr gut kochen.“ | Anja ist mehr für einen Handarbeitszirkel, | in dem man lernt, wie Pullover gestrickt werden. | Nikki ist dagegen. | Er hat einen neuen Fotoapparat | und möchte richtig fotografieren lernen. | Tims Vater ist Regisseur, | deshalb würde er auch lieber Theater spielen. | Andere Kinder schlagen ein Geländespiel vor, | bei dem man nach einer Skizze ein bestimmtes Ziel finden muss. | Manche Veranstaltungen könnten parallel stattfinden. | Max sagt, dass er einige Adressen kennt, | bei denen sie vielleicht Unterstützung finden könnten. 131

1. *a) Lies den Text deines Banknachbarn sorgfältig durch und korrigiere, was dir falsch erscheint. Unterstreiche das falsch geschriebene Wort und markiere den Fehler am Rand. Schlage bei Unsicherheiten in einem Wörterbuch nach.*
   b) Fertige zu deiner Arbeit eine Fehleranalyse an. Trage die Wörter, die du falsch geschrieben hast, in richtiger Schreibweise in die Tabelle ein und unterstreiche die Stelle, an der du den Fehler gemacht hast.

Doppelkonsonant	andere Konsonantenverbindungen (ck, ng, st, tz)	sonstige Rechtschreibfehler
die Deba<u>tt</u>e	das Pi<u>ck</u>ni<u>ck</u>	der Re<u>g</u>isseur

2. *Lege dir für jeden Doppelkonsonanten eine Karteikarte an (dd, kk, ll, mm, nn, pp, rr, ss, tt, zz) und trage die Wörter aus dem Text und eigene Beispielwörter ein.*

3. *Woran erkennst du Fremdwörter? – Sprich einige Fremdwörter laut aus, schreibe sie auf und erkläre sie deinem Nachbarn.*

4. *Schreibe alle Fremdwörter aus dem Text zusammen mit dem bestimmten Artikel in dein Heft und erkläre sie stichwortartig wie im Beispiel. Schlage die Fremdwörter, die dir unbekannt sind, im Wörterbuch nach.*
die Idee – Vorstellung, Gedanke
die Diskussion – Meinungsaustausch zu einem Problem
usw.

5. **a)** *Nenne die Rechtschreibphänomene, die typisch für die Schreibweise von Fremdwörtern sind, und unterstreiche sie.*
Bibel – Ph(F)oto – Theater – Rhythmus – Café – Blamage – Makkaroni – Baby
b) *Schreibe die Wörter in dein Heft und ergänze sie jeweils durch eigene Beispiele.*
Bibel – Tiger, ...
Ph(F)oto – Physik, ...
Theater – Therapie, ...
Rhythmus – Katarr(h), ...
Café – Checkliste, ...
Blamage – Garage, ...
Makkaroni – Akkordeon, ...
Baby – Bobby, ...

6. **a)** *Fertige eine alphabetisch geordnete Fremdwörterliste an. Kontrolliere die Schreibweise mit Hilfe eines Wörterbuchs.*
Armee, Akkordeon, Appell, Allee, ...
Bassin, Ballon, Bibel, ...
Café, Camping, ...
Delf(ph)in, ...
usw.
b) *Schreibe neben jedes Fremdwort aus deiner Liste eine kurze Erklärung. Schlage, wenn du nicht sicher bist, in einem Fremdwörterlexikon nach.*

7. *Schreibe eine Erlebniserzählung über einen Besuch im Museum, einen Sonntagnachmittag im Zoo o. Ä. und verwende darin Wörter aus deiner Fremdwörterliste.*

Aufregung vor dem Schulfest

Seit vielen Wochen hing nun schon das auffällige Pappplakat | neben der Eingangstür zum Schulgebäude. | Bei den Proben für das diesjährige Schulfest | herrschte in der Turnhalle große Aufregung. | Ein Balletttanz der Klasse 6 c sollte die Veranstaltung eröffnen. | Susi verrenkte sich gerade bei einer schwierigen Drehung fast die Hüfte. | Zwei Mädchen aus der Klasse 5 b bastelten seit langem an bunten Kostümen aus verschiedenen Stofffetzen, | Taftresten und gefärbten alten Betttüchern. | Sie wollen damit ein Theaterstück aufführen. | 74

Plötzlich kam es zwischen Uwe und Kai, | die für das Wettturnen übten, fast zu einem Kampf: | Kai bezeichnete die Schweißperlen an Uwes Unterarm nämlich als Fetttröpfchen! | Aber ein lautes Klirren lenkte die beiden ab: | Sabrina war gestolpert | und die beiden Kompottteller mit Schokoladenpudding, | die sie auf dünnen Stöcken balanciert hatte, | waren mit einem Riesenkrach zu Boden gefallen. 57

Tafel: balancieren

1. ***a)*** *Lies dein Diktat aufmerksam durch und unterstreiche, was dir falsch erscheint. Korrigiere deine Fehler, indem du dein Diktat mit der Textvorlage vergleichst. Übertrage die nunmehr richtig geschriebenen Wörter in deine Fehlerkartei und füge jeweils zwei weitere Wörter aus der Wortfamilie hinzu.*

   b) *Lege eine neue Karteikarte für Konsonantenhäufung und Dreifachkonsonanten an und trage als erstes Beispiel für die richtige Schreibung ein:*

   Brennnessel – Aus Brennnesseln kann man Brennnesseltee zubereiten.

   c) *Füge einen weiteren Beispielsatz hinzu. Verfahre so mit allen deinen Fehlern bei Wörtern mit Dreifachkonsonanten.*

2. *Markiere im Text alle Wörter, in denen drei gleiche Konsonanten hintereinander stehen.*

3. ***a)*** *Zerlege die Komposita in Grundwort und Bestimmungswort. Schreibe die Tabelle ab und ergänze sie mit Wörtern aus dem Diktat.*

Kompositum	Grundwort	Bestimmungswort
Pappplakat	Plakat	Pappe
Kompottteller	Teller	Kompott
...	...	...

b) *Was stellst du bezüglich der Reihenfolge von Grund- und Bestimmungswort fest? Formuliere einen Merksatz.*

c) *Erkläre jedes Kompositum in einem kurzen Satz.*

Ein Pappplakat ist ein Plakat aus Pappe.
Ein Kompottteller ist ein Teller ...
usw.

d) *Bilde mit den Bestimmungswörtern so viele Komposita wie möglich.*

Pappbecher, Pappteller, ...

4. *Bilde aus folgenden Nomen Komposita, in denen drei gleiche Konsonanten hintereinander geschrieben werden.*

Stoff – Geschirr – Fetzen – Flanell – Tanz – Schiff – Ballett – Strich – Stress – Schluss – Reiniger – Lappen – Situation – Fahrt

Trage diese Wörter in die Tabelle von Aufgabe 3 ein.

5. ***a)*** *Bilde von den folgenden Verben den Infinitiv. Setze sie anschließend in die 3. Person Singular Präsens und Präteritum, wie im Beispiel.*

läufst, gespielt, hänge, springst, geworfen, hüpfst, schwinge, rollst, klettert, fange, hat sich festgehalten, ich stütze mich auf, du drehst dich, er hatte sich abgestoßen

laufen – sie läuft, er lief

b) *Wähle zehn Verben aus und bilde damit je einen Satz im Präteritum. Achte darauf, dass sich die Sätze auf den Sportunterricht beziehen.*

Peter lief am schnellsten. Sonja ...

6. *Schreibe eine Fantasieerzählung mit dem Thema „Ein aufregender Wettkampf". Verwende dabei einige der folgenden Wörter.*

Gewinnnummer, Eisschnellläufer, Missstimmung, Schwimmmeister, Schlussstrich, Stresssituation, Schritttempo

Igelglück

Kleine Igel mit einem Gewicht unter 500 Gramm | haben selten das Glück, den Winter zu überleben. | An einem dunklen Herbstabend | hörten wir direkt vor uns in der Gartenhecke ein Geräusch. | Es knackte im Gebüsch | und wir schoben mit einem Stock vorsichtig die Zweige auseinander. | Da entdeckten wir ihn, den winzigen Igel. | Wir zogen ihn ganz behutsam mit einer Harke aus den Sträuchern | auf die Jacke meines Bruders. | Dann trugen wir den Winzling ins Haus | und packten ihn in eine Kiste, | die wir auf eine Bank in die Kellerecke stellten. | 89

Beim Abendessen berichteten wir unseren Eltern von unserem Fund | und fragten sie, was ein Igel frisst. | Mehlwürmer, Bananen, etwas Eigelb oder Rindergehacktes wären gut für ihn. | Wir nahmen ein Schälchen mit einem geschlagenen Eigelb, | setzten uns neben die Kiste und lockten den Igel, | aber er reagierte zunächst nicht. | Er würde doch wohl nicht krank sein? | Später aber merkten wir, | dass der Igel das Schälchen leer geschleckt hatte. | Von da an ging es mit ihm ständig bergauf | und er kam dank unserer Fürsorge gut durch den Winter. 86

1. ***a)*** *Lies den Text sorgfältig. Unterstreiche die Wörter, bei deren Schreibweise du unsicher bist, und schlage sie in einem Wörterbuch nach.*
b) *Markiere alle Wörter farbig, die einen Doppelkonsonanten oder eine Konsonantenhäufung aufweisen.*

2. ***a)*** *Schreibe alle Wörter mit ck aus dem Text heraus und markiere dabei die Silbentrennung.*
Gar|ten|he|cke, Ja|cke, ...
Verfahre nun genauso mit den Wörtern, die die Konsonantenverbindung st enthalten.
b) *Trenne zusätzlich folgende Wörter nach ihren Silben.*
lustig, Kasten, entdeckten, nackten, rasten, necken, bersten, Kruste, Flocke, Bäcker, restlichen, überlasten, Wecker, Schnecke, Liste
c) *Auf welche Weise werden Wörter mit ck bzw. mit st getrennt? Formuliere jeweils eine Regel.*

3. ***a)*** *Lies aus dem Text die Wörter mit ck und k laut und deutlich vor. Wer zusätzlich ein Wort mit ck oder k weiß, schreibt es unaufgefordert an die Tafel.*

b) *Übertrage diese Tabelle in dein Heft und ordne alle gefundenen Wörter ein.*

ck	k
Glück	dunkel
Hecke	merken
knacken	direkt
...	...

c) *Unterstreiche in der Tabelle die Nomen, Verben und Adjektive in verschiedenen Farben.*

4. Glück, Stock, Hacke, Packung, Ecke

a) *Bilde von diesen Wörtern mindestens zwei Ableitungen und schreibe sie in dein Heft.*

glücklich, beglücken; ...

b) *Überlege dir nun jeweils drei Zusammensetzungen und schreibe sie ebenfalls auf.*

Glückspilz, Glückskind, Glückshafen; ...

5. *Schreibe die Buchstaben des Alphabets untereinander und notiere hinter jedem Buchstaben Wörter mit k, ck oder kk.*

A Acker, Akkord, ...
B Backe, Becken, Balken, ...
C Checkliste, Cockpit, ...
D Deckel, dunkel, Doktor, ...
E Enkel, Ekel, ...
F Fackel, Ferkel, ...
G Gockel, gackern, ...
usw.

6. ***a)*** *Umrahme alle Fremdwörter deines Wortalphabets und versuche sie zu erklären. Schlage, wenn du unsicher bist, in einem Fremdwörterbuch nach.*

b) *Erfinde eine kurze Geschichte und verwende darin einige dieser Fremdwörter.*

Ein reizender Traum!

Charlotte hetzte über riesige Plätze und durch dunkle Straßen. | Durch die Mauerritzen der baufälligen Häuser sah sie Dutzende von struppigen Katzen, | die auf der Suche nach einem kranken Spatz oder Mäusen waren. | Immer wieder platschte sie in große Regenpfützen. | Ihre Füße schmerzten. | Wurde sie bespitzelt? | Kitzelte da nicht etwas ihren Rücken? | Wie ein Blitz fuhr sie herum, | aber niemand war zu sehen. | Sie rannte an einem geschlossenen Metzgerladen vorbei | und glaubte dort plötzlich einen unheimlichen, glatzköpfigen Mann zu sehen, | der ihr zublinzelte. | Vor Entsetzen gab sie einen spitzen Schrei von sich | und erwachte schwitzend in ihrem Bett. 97

Tafel: Charlotte

1. ***a)*** *Übertrage aus deinem Diktat alle Wörter mit tz, die du falsch geschrieben hast, in richtiger Schreibweise in deine Fehlerkartei. Schreibe jeweils zwei Ableitungen oder Zusammensetzungen dazu.*

b) *Unterstreiche nun alle Wörter mit z und tz. Ordne sie wie im Beispiel.*

tz – hetzte, Plätze, …

z – schmerzten, …

c) *Nach welchen Konsonanten steht nie tz? Formuliere einen Merksatz und schreibe ihn auf die Karteikarte „Schärfung: Sonderfall tz" deiner Fehlerkartei.*

2. ***a)*** *Diktiert euch jeweils die Hälfte der folgenden Übungswörter. Tauscht die Hefte aus und korrigiert euch gegenseitig.*

- hetzen, winzig, geizig, Witz, spitz, Hitze, Blitz, kurz
- ranzig, setzen, besetzt, Gesetz, ätzend, Arzt, Wurzel, letzte

b) *Ergänze mit diesen Wörtern die beiden Wortlisten von Aufgabe 1.*

c) *Suche weitere Wörter mit z und tz und ordne sie ebenfalls den Wortlisten zu.*

3. *Wähle aus den Wortlisten von Aufgabe 1 jeweils zehn Wörter aus und formuliere mit jedem Wort einen Satz. Schreibe ihn in dein Heft.*

4. *Suche zu folgenden Wörtern jeweils drei weitere Beispiele aus der entsprechenden Wortfamilie.*
Arzt – verarzten, ...
putzen – putzig, ...
besetzt – setzen, ...
Schmerz – schmerzhaft, ...
Spitze – angespitzt, ...
kratzen – Kratzer, ...
heizen – Heizung, ...
geizig – Geiz, ...
sitzen – Sitz, ...
kurz – kürzen, ...

5. *Entscheide: z oder tz? Ergänze die Lücken und beachte dabei deinen Merksatz von Aufgabe 1 c.*
Der ungebetene Gast
Als am Morgen der Wecker zum le–ten Mal klingelte, lag Markus immer noch im Bett und dachte: „Je–t noch nicht!" Er musste blin–eln, weil die bli–enden Sonnenstrahlen auf seinem Gesicht tan–en.
Doch plötzlich kra–te etwas an seinem Fenster und er schreckte hoch. Es war die Nachbarka–e. Die gan–e Zeit musste sie ihn bespi–elt haben! Sie hatte wohl wieder die halbe Nacht auf Spa–en gelauert. Nachdem sie ihre Beute gefangen, verspeist und sich hinterher ausgiebig gepu–t hatte, war sie vermutlich noch ein wenig spa–ieren gegangen.
Murrend öffnete der Junge das Fenster und die Ka–e fli–te ins Zimmer, wobei sie mit ihrem Schwan– die Blumentöpfe vom Fensterbrett über der Hei–ung riss und sich dabei beinahe verle–t hätte.

6. *Wie heißt der Satz? Beachte die Groß- und Kleinschreibung.*
Auf einer alten eztartam tztis eine eztak und leckt sich die eztat.
Der Räuber ztolpneztoh ging guten stum sträwmieh durch den Wald.

7. *Übertrage die folgenden Nomen richtig in dein Heft und präge dir die Schreibweise gut ein. Achte auf die Groß- und Kleinschreibung.*
lestär, eztüm, ztaps, zräm, zremhcs, zrah, tzra

Gänse als Detektive

In einer Tageszeitung konnte man kürzlich folgenden Bericht lesen: | Die Rentnerin Pauline E. hatte im Abendprogramm des Fernsehens | einen aufregenden Kriminalfilm gesehen. | Deshalb lag sie im Bett noch lange wach | und registrierte jedes Geräusch in ihrer Umgebung. | Dabei fiel ihr auf, | dass Gänse im nahen Stall laut und aufgeregt schnatterten. | Als nach etwa dreißig Minuten noch keine Ruhe herrschte, | stand sie auf, zog sich an | und griff sich einen Knüppel. | Sie meinte, dass ein Fuchs oder ein anderes Tier | in den Gänsestall eingebrochen sei. | 84

Als sie über den Hof ging, | sah Pauline E. an der Straßenecke ein unbeleuchtetes Auto stehen | und in der nahen Sparkasse brannte Licht. | Frau E. erinnerte sich an den Krimi, den sie gesehen hatte, | und vermutete, dass etwas nicht stimmte. | Sie eilte ins Haus zurück, | um die Polizei anzurufen. | Diese kam sehr schnell. | Leise schlichen sich die Beamten in das Gebäude. | Sie hatten Glück: | Zwei Männer waren gerade dabei, | den Panzerschrank auszuräumen. 72

1. *Lies den Text deines Banknachbarn sorgfältig durch und korrigiere, was dir falsch erscheint. Unterstreiche das falsch geschriebene Wort und markiere den Fehler am Rand. Schlage die Wörter, bei denen du unsicher bist, in einem Wörterbuch nach.*

2. ***a)*** *Ergänze deine Fehlerkartei. Ordne alle Wörter, die du falsch geschrieben hast, nach den Fehlerquellen: Doppelkonsonant, Konsonantenhäufung und Sonderfälle z/tz und k/ck.*
b) *Notiere die Wörter in richtiger Schreibweise auf der jeweiligen Karteikarte und schreibe neben jedes Wort zwei Ableitungen oder Zusammensetzungen.*

3. *Schreibe aus dem Diktat alle Wörter mit Doppelkonsonanten und Konsonantenverbindungen heraus und ziehe um die Buchstabenverbindungen einen Kreis.*

4. ***a)*** *Welche Konsonanten kommen in diesem Diktat nicht als Doppelkonsonanten vor?*
b) *Nenne Beispielwörter und bilde damit jeweils einen Satz.*

5. *Bilde von den folgenden Verben die 2. Person Singular Präsens und achte darauf, dass du keinen Buchstaben vergisst.*
necken, sitzen, stampfen, summen, fallen, rasten
Schreibe mit diesen Wörtern eine kurze Geschichte.

6. *Löse das Silbenrätsel und beachte dabei die Regeln zur Silbentrennung.*
bag – büf – cke – ding – es – fel – ger – ha – ka – kas – kis – knüp – mak – ni – pan – pel – pud – ro – se – sig – te – zer

1. Behältnis aus Holz oder Pappe
2. Schlagstock aus Holz
3. Aufbewahrungsort für Geld
4. Kettenfahrzeug der Armee
5. Gartengerät
6. Süßspeise
7. Nudelart
8. flüssiges Küchengewürz
9. wild lebende Rinderart
10. Baumaschine

7. *Formuliere den Text „Gänse als Detektive“ um in*
- *eine kurze Zeitungsnotiz,*
- *eine spannende Erzählung,*
- *eine Fabel.*

8. *Male zu dem Diktattext eine Bildergeschichte. Schreibe unter jedes Bild eine Bildlegende, indem du in einem einzigen kurzen Satz den Inhalt des Bildes wiedergibst. Verwende dabei das Präsens.*

Ein besonderer Schatz

An diesem verregneten Frühlingstag liefen Anna und ihr Zwergschnauzer Napoleon | auf ihrem Spaziergang übermütig durch die Pfützen auf die Bootsanlegestelle zu. |

Am Wasser angekommen blieb der Hund plötzlich stehen | und fing augenblicklich an zu knurren. | Sein nasses Fell sträubte sich, | er schnüffelte ganz aufgeregt und knurrte verärgert. | Auf einmal riss er dem Mädchen die Leine aus der Hand | und hetzte blitzschnell auf ein umgekipptes Paddelboot zu. | Er schnüffelte an einem öligen Stofffetzen | und buddelte mit den Pfoten einen kleinen Gang | bis zum Boot durch den Sand. |

Mit gekrümmtem Rücken robbte er unter das Boot, | wo er aufgeregt zu bellen anfing. | Dann verstummte das Kläffen. | Anna bückte sich und griff mit der Hand unter den Bootsrand. | Zu ihrem Erstaunen zog sie keinen Schatz, | sondern ein zitterndes Kaninchen hervor. | Es hatte unter dem Paddelboot Schutz vor dem Gewitter gesucht. 137

Aufregend gut!

Der äthiopische Hirt Kaldi | hatte in der glühenden Mittagshitze | ein kühles, schattiges Plätzchen gefunden, | das ihn vor der sengenden Sonne schützte. | Eine Kanne Wasser stillte seinen brennenden Durst. | Das Tuch, mit dem er sich über seine schwitzende Glatze wischte, | ähnelte einem schmutzigen Stofffetzen. | Ein Dutzend seiner sonst lammfrommen Ziegen | knabberte gierig an den winzigen Blatttrieben | und an den roten Beeren eines Strauches. | Von unerklärlicher Unruhe erfasst | begannen sie nach dieser Mahlzeit plötzlich ziellos hin und her zu laufen | und benahmen sich ganz verrückt! | 83

Als der Abt des benachbarten Klosters von diesen seltsamen Beeren erfuhr, | hatte er den Einfall, | aus den gekochten Früchten ein Getränk herzustellen. | Alle Mönche probierten das Gebräu | und beteten daraufhin die ganze Nacht | ohne müde zu werden. | Deshalb nannten sie diesen Trank kawah, das Aufregende. |
Später kam man auf die Idee, | die Kaffeekerne vom Fruchtfleisch zu trennen und zu rösten, | wodurch das Aroma des Kaffees entstand, | das wir heute so schätzen. 71

Antoinette Mignon: Die Welt der Plantagen und des Kaffees. Ravensburger Buchverlag Otto Maier 1991, S. 9 (gekürzt und verändert).

Tafel: äthiopisch, Kaldi, kawah

Purzel

Sandra hat kürzlich zu ihrem Geburtstag einen Goldhamster geschenkt bekommen. | Inzwischen beherrscht Purzel mit seinen Kunststücken bereits die ganze Familie. |
Er strampelt vergnügt in seinem Laufrad, | klettert an den Gitterstäben hoch | und rutscht über ein glattes schmales Brettchen wieder nach unten. | Wenn Sandra ihn aus dem Käfig nimmt, | blinzelt er ängstlich | und hält sich zappelnd an ihrem Finger fest. | Sobald sie ihn absetzt, | flitzt er über die Tischplatte, | stoppt plötzlich, wenn sein empfindliches Gehör einen unbekannten Laut wahrnimmt, | und rennt zurück. | Nach diesem Ausflug in die Freiheit muss er wieder in den Käfig. | Er blickt zunächst verdutzt um sich, | schnuppert kurz und läuft zu seinem Futterplatz. | Dort packt er mit beiden Vorderpfötchen | ein kleines Stück Karotte oder einen Brocken Brot | und knabbert mit schnellen, kurzen Bissen. | Abends buddelt er sich in die Sägespäne, | kuschelt sich in eine Ecke und schläft. | Dann deckt Sandra den Käfig mit einem dunklen Tuch zu. 150

Im Frack auf dem Eis

Pinguine sind stattliche Vögel, | die keinen Pelz tragen, sondern ein Daunenkleid. | Federn und eine dicke Fettschicht | machen die Eiseskälte am südlichsten Nistplatz der Erde, | in der Antarktis, erst erträglich. | Vor der mörderischen Kälte schützen sie sich zusätzlich, | indem sie im Windschatten von Eisbergen | ganz dicht zusammenrücken. | Pinguine sind auch die einzigen Vögel, | die mitten im kältesten Winter, | bei heftigen Schneestürmen, brüten. | Damit die Jungen bis zum Ende des Sommers groß genug sind, | um überleben zu können, | müssen die Pinguine bereits im Winter mit der Brut beginnen. | Das Brutgeschäft ist Männersache, | die Eier werden zwei Monate lang unter der Brutfalte ausgebrütet, | bis die Jungen schlüpfen. | In dieser Zeit nimmt das Männchen keine Nahrung zu sich, | es fastet und verliert fast ein Drittel seines Gewichts. | Im Frühsommer guckt der Kopf des mittlerweile geschlüpften Kükens | unter der Brutfalte hervor. | 136

Wird den Pinguinen ein Standplatz zu windig, | so wechseln sie ihn. | Dabei trippeln die brütenden Männchen vorsichtig über das Eis, | denn sie dürfen nicht ausrutschen, | sonst würden sie das Ei zerquetschen. | Pinguine sind sehr körpergewandt: | Im Wasser steuern die geschickten Schwimmer mit ihren flossenartigen Flügeln, | an Land rutschen sie bäuchlings einen Hang herunter. | Und wer freut sich nicht an ihrem stolzen, aufrechten Gang im Frack, | der sie immer zu einem festlichen Ereignis zu führen scheint! 75

Tafel: Antarktis

Ferien bei den Großeltern

Jan und Jutta fahren in den Ferien am liebsten zu den Großeltern ins Gebirge. | Dort können sie alles Mögliche unternehmen. | Im Winter liegt meist tiefer Schnee. | Deshalb hat jeder von ihnen ein Paar Schier im Schuppen stehen. | Wenn die Kinder dann durchfroren von der Piste zurückkommen, | kocht Oma einen prima Kräutertee, der sie richtig aufwärmt. |
Im Sommer lockt der nahe See zum Schwimmen oder Bootfahren. | Mit Großvater gehen sie manchmal ins Hochmoor. | Dort kann man viele Vögel beobachten. | Zur Frühstückszeit suchen sie sich einen Platz im Moos unter Bäumen. | Selbst das Beerensammeln macht ihnen Spaß. | Zu Hause stellen sie das Gefäß mit den Beeren auf die Waage, | um zu sehen, wie fleißig sie waren. | Am Ende des Sommers wird im Saal des Gasthofs gefeiert. | Jeder stellt seine schönsten Früchte und das beste Gemüse aus. 134

1. *Lass dir den Text diktieren – von deinem Banknachbarn oder einer anderen Person.*
   Lies anschließend das Diktat aufmerksam durch und unterstreiche die Wörter, bei deren Schreibweise du unsicher bist. Schlage sie dann in einem Wörterbuch nach.

2. *Überlege, wodurch Längen bezeichnet werden können. Unterstreiche im Text alle Wörter mit bezeichneten Längen.*

3. *Trage die markierten Wörter – getrennt nach der Dehnungsbezeichnung – in die Tabelle ein.*

Doppelvokal	Dehnungs-h	langes i: ie
Schnee	fahren	am liebsten
Paar	unternehmen	liegt
…	…	…

4. **a)** *Welche Vokale können als Doppelvokale vorkommen? Welche nicht?*
   b) *Nenne Beispiele aus dem Text.*
   c) *Verwende diese Beispiele in zehn Sätzen.*

5. *Sammle weitere Wörter mit doppeltem Vokal.*
Aal, Aas, Haar, ...
Bilde mit den gefundenen Wörtern wenigstens jeweils drei Zusammensetzungen nach folgendem Muster:
Räucheraal, Aasgeier, haarklein
usw.

6. *Bilde die Verkleinerungsformen zu Haar und Paar. Schlage in einem Wörterbuch nach.*
a) *Schreibe das Nomen und die Verkleinerungsform in dein Heft.*
b) *Verwende jede Verkleinerungsform in einem Satz.*

7. **a)** *Nach welchen Wörtern wird gefragt? Trage die richtige Lösung ein.*
fester Niederschlag
Brotaufstrich
großes Gewässer
anderes Wort für „dumm"
Tierpark
Märchenwesen
Gewässer
Getränk
wächst auf dem Kopf
Sumpfgebiet
baumgesäumte Straße
Getränk aus Bohnen

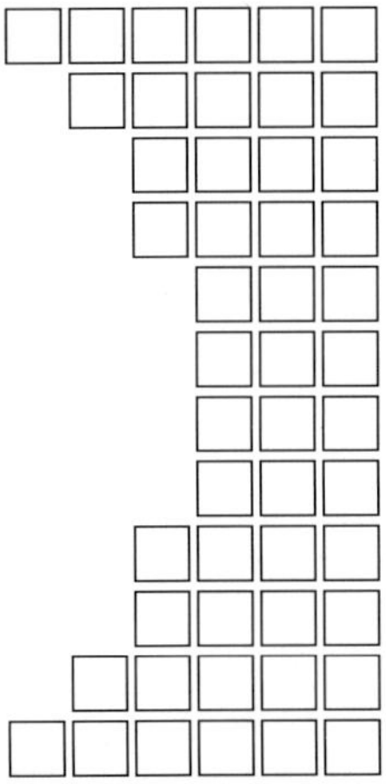

b) *Schreibe die gesuchten Begriffe untereinander und formuliere rechts daneben eine kurze Erklärung wie im Beispiel:*
Zoo – Gehege für (seltene) Tiere
c) *Bilde mit den Wörtern Komposita, unterstreiche Grund- und Bestimmungswort in verschiedenen Farben.*
Zoodirektor, Zoohandlung, ...

Im Botanischen Garten

Anstatt für den Zoo entschloss sich die Klasse am Wandertag | für einen Besuch im Botanischen Garten; | vor kurzem war nämlich der neue Seerosenpavillon eröffnet worden. | Um ein Haar hätte es Ärger gegeben, | denn Lisa hatte schlechte Laune und gebärdete sich als Spielverderberin. | „Die Seerosen sehen doch alle gleich aus, | das wird genauso langweilig wie die Rosenausstellung im letzten Jahr!“, rief sie erbost. | Als ihr aber einige Mitschüler, die bereits dort waren, | die Blütenpracht beschrieben, | die malerische Gestaltung des Teichs | und die Moorpflanzen an seinem Ufer, | da ließ sie sich schließlich davon überzeugen, | dass ein Besuch sich lohnen würde. 98

Tafel: Pavillon

1. *Unterstreiche im Text alle Wörter mit Doppelvokalen und ordne sie in eine Tabelle (aa – ee – oo) ein.*

2. *Diktiert euch abwechselnd drei der folgenden Sätze mit Reimwörtern.*
   - Mit einem heftigen Stoß lenkte er das Floß vorbei am grünen Moos.
   - Im Gras saß ein Geier und fraß das Aas.
   - Es machte der Gruppe Spaß, kreuz und quer über das Meer zu segeln.
   - Der Lehrer zeigte aufgeregt auf das leere Boot.
   - Wer die Wahl hat, hat die Qual.
   - Im Moor wuchsen seltsam aussehende rote Beeren.

3. *Ergänze die Tabelle von Aufgabe 1 mit folgenden Nomen.*
   Moos, Boot, Waage, Haar, Porree, Kaffee, Meer, Zoo, Teer, Saal, Fee, Saat, Seele, Schnee
   Wähle fünf Wörter aus und bilde mit ihnen je drei Komposita.

4. *Suche das Lösungswort.*
   Gegenstand zum Wiegen (Pl.)
   sich trauen
   schwarzes Getränk
   Ort, wo man Kaffee trinken kann

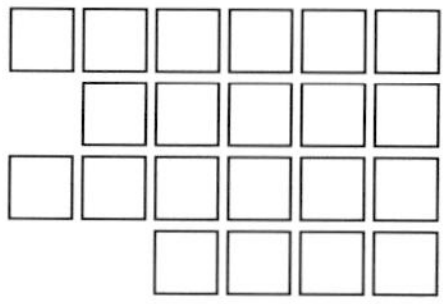

Gegenteil von „weniger“
Gewässer zwischen Kontinenten
anderes Wort für „schauen“
Binnengewässer (Pl.)
Überbringer von Nachrichten
Wasserfahrzeuge

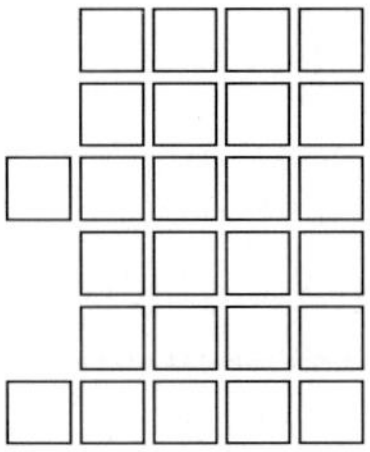

5. *Bildet zu jeder Wortgruppe Sätze wie im Beispiel und diktiert sie euch gegenseitig.*
ihr saht, die Saat, satt
Gestern saht ihr die Sendung mit der Maus. Auf den Feldern geht die Saat auf. Ein großes Pausenbrot macht satt.
a) das Beet, das Gebet, das Bett
b) der Bote, das Boot, er bot
c) sehen, die Seen
d) der Lehrer, ausleeren, lernen
e) seelisch, selig, sehnig

6. *Sucht Reimwörter. Wer findet die meisten? – Beachtet die unterschiedliche Schreibweise des lang gesprochenen Vokals.*
Moos – groß, ...
Aas – Gras, ...
Beere – Schere, ...
Aal – Wal, ...
Wiese – Riese, ...
Moor – Chor, ...

7. Leben im Wattenmeer – Insektenleben auf der Wiese – Wanderungen im Moor
Bildet drei Gruppen und sammelt jeweils zu einem der Themen Informationen. Nutzt dazu Biologiebücher und Nachschlagewerke, sucht entsprechende Sachbücher in einer Bibliothek.
Notiert euch das Wichtigste in Stichpunkten, sucht Bilder dazu, fertigt Zeichnungen an. Tragt das Ergebnis vor der Klasse vor.

Brief an die Familie

Liebe Eltern, liebe Miriam, |
mir gefällt es hier im Schullandheim ziemlich gut. | Sven, einer der Jungen in meinem Zimmer, | stöhnt zwar immer über mein Schnarchen, | aber daran wird er sich wohl gewöhnen müssen! | Das Heim war früher ein Jagdhaus. | Im Speisesaal hängen sogar noch Geweihe und Gewehre an den Wänden. | Mit gutem Essen werden wir jedoch nicht gerade verwöhnt. | Erst gestern habe ich ewig an einem zähen Stück Fleisch herumgekaut! | 70

Vor dem Haus und auf den Wiesen ringsum blüht alles. | Jeden Tag sprießen neue Blumen aus der Erde. | In der Nähe gibt es sogar eine Tropfsteinhöhle. | Gestern haben wir einen großen Bauernhof mit Schweinen und vielen Hühnern besucht. | Der Viehstall war leer, | weil die Kühe während des Sommers auf der Weide sind. | Der Bauer arbeitet von früh bis spät, | mäht die Wiesen und fährt bald auch das Getreide ein. | Wir unternehmen nämlich tagsüber so viel, | dass wir abends vor Müdigkeit ins Bett fallen. |
Bald erzähle ich euch mehr.
Viele Grüße, euer Jens 91

1. *Unterstreiche im Text alle lang gesprochenen Vokale. Ordne die betreffenden Wörter in folgende Tabelle ein.*

mit Dehnungs-h	ohne Dehnungs-h
stöhnt	zwar
...	...

2. *Schreibe jeweils drei weitere Wörter aus der entsprechenden Wortfamilie in dein Heft.*

wohl – wohlig, ...
früher – Frühstück, ...
Gewehr – sich wehren, ...
verwöhnt – entwöhnen, ...
Tropfsteinhöhlen – aushöhlen, ...
gelähmt – lahm, ...
mehr – Mehrzahl, ...
zählen – Zahl, ...

3. *Setze die folgenden Verben in die 1. und 2. Person Singular Präsens und bilde mit jedem Wort einen Satz.*
sehen, sich an etwas gewöhnen, jemanden verwöhnen, etwas unternehmen, erzählen, gehen, mähen, zählen, sich wehren, zurückkehren

4. *Diktiert euch die folgenden Wörter gegenseitig. Ordnet sie anschließend nach den Wortarten (Nomen, Verb, Adjektiv).*
fühlen, Ruhe, hohl, berühmt, mahlen, Lehrerin, nämlich, Mut, wahrscheinlich, holen, frieren, stehlen, ihm, Höhle, kühl, Mahlzeit

5. *Ergänze die Tabelle mit den folgenden Wörtern.*
Meer, rot, gierig, Maler, Mühle, zahm, Mühe, Spülbecken, Seeanemone, hohl, holen, Brombeere, Biene, Miete, Beziehung, Zar, Bahre, bar, Zahlung, mahlen, zart, mehr, Flieder, fliehen, Seele, Hellseher, Bibel, Salat, Sahne, Spieß

Doppelvokal	ie	h	nicht bezeichnete Länge
Moor	Tier	Mohr	Mond
Haar	...	Hahn	Tiger
...		...	Halogen
			...

6. ***a)*** *Bilde jeweils zwei Sätze, aus denen die unterschiedliche Schreibweise der beiden gleich klingenden Wörter deutlich wird.*
malen – mahlen, sehen – säen, hol – hohl, leiht – Leid, fällt – Feld, verband – verbannt, wird – Wirt, wahre – Ware, leere – Lehre, Beete – bete
Beispiel:
Jürgen muss noch sein Gesicht bemalen, weil er Indianerhäuptling ist.
Für türkischen Mokka muss man die Kaffeebohnen ganz fein mahlen.
usw.
b) *Diktiere die Sätze deinem Banknachbarn und korrigiere sein Diktat. Markiere die Fehler auch am Rand. Versuche ihm seine Fehler zu erklären.*

7. *Schreibe einen Brief an Jens ins Schullandheim und erzähle ihm, was inzwischen zu Hause passiert ist. Verwende dabei Wörter aus den Wortlisten der vorhergehenden Übungen.*

Ein schöner Brauch

Jedes Jahr im späten Frühling | startet Familie Brömel zu einer Nachtwanderung auf den Inselsberg. | Vom Berggipfel aus beobachten sie den Sonnenaufgang | und sehen, wie die Sonnenstrahlen Berge und Täler in helles Licht tauchen. | Das ist eine schöne Belohnung für den mühsamen Aufstieg. | Zurück geht es viel leichter | und die Brömels lassen sich Zeit. | Auf den Wiesen sehen sie manchmal Hasen und Rehe. | Tautropfen im Gras machen die Hosenbeine nass. | 69

Unten im Mühlengrund kehren sie ein, | obwohl es noch sehr früh am Tag ist. | In der nahen Mühle wird längst kein Korn mehr gemahlen. | Vielmehr hat sie ein bekannter Kunstmaler gekauft. | Nachdem alle gefrühstückt haben, | waten die Jungen durch den Bach und jagen Forellen. | Nur selten gelingt ihnen aber ein Fang. |
Gestärkt macht sich die Familie später auf den Heimweg. | Für das letzte Stück nehmen sie die Bahn. | Müde kommen sie gegen Mittag zu Hause an. 76

1. *Lies das Diktat deines Banknachbarn sorgfältig und korrigiere, was dir falsch erscheint. Unterstreiche den Fehler und markiere ihn am Rand. Nutze bei Unsicherheiten ein Wörterbuch.*

2. *Verbessere deine Fehler und übertrage die richtig geschriebenen Wörter in die Fehlerkartei. Suche weitere Wörter aus der Wortfamilie.*
   Beispiel: Dehnung/unbezeichnete Längen
   ä – die Täler, das Tal, Talsperre, Gebirgstäler
   a – Hase, Häschen, Feldhase

3. *Wiederhole, wodurch Längen bezeichnet werden können, und unterstreiche im Text die entsprechenden Wörter.*
   Unterstreiche anschließend in einer anderen Farbe die Wörter, deren Dehnung nicht bezeichnet ist.

4. ***a)*** *Die Verben „mahlen" und „malen" bedeuten etwas ganz Verschiedenes. Erkläre den Unterschied, indem du mit jedem Verb einen Satz formulierst.*
   b) *Bilde von jedem Verb das Präteritum und das Partizip Perfekt.*

5. *Bilde von den Wortstämmen „mal" und „mahl" jeweils fünf Ableitungen oder Zusammensetzungen. Formuliere jeweils einen Satz.*
Mahlzeit, Mahlstein, ...
malen, bemalen, ...

6. *Lass dir die folgenden Wörter diktieren und achte darauf, ob du ein Dehnungs-h einfügen musst. Bilde von jedem Wort, das du falsch geschrieben hast, zwei Ableitungen oder Zusammensetzungen.*
der Wal, der Name, nämlich, quer, bequem, die Jagd, später, stets, die Hose, holen, hohl, der Draht, die Wahrheit, ähnlich, jawohl, die Kehle, prahlen, vornehm, genehmigen, gähnen, der Mohr

7. *Bilde zu dem Verb „nehmen" weitere Beispiele aus der Wortfamilie.*
abnehmen, zunehmen, das Unternehmen, ...
Wähle fünf Wörter aus und formuliere jeweils einen Satz.

8. ***a)*** *Schreibe mit Wörtern, die ein Dehnungs-h als Längenzeichen haben, ein Wortalphabet.*
Unterstreiche die Wörter, deren Bedeutung oder Schreibweise du nicht genau kennst. Schlage dann in einem Wörterbuch nach.
A Ahnen, ahnen, Ahle
B Bahn, Bohne
C –
D Dohle, Dahlie
E Ehre, ehrlich
F fahl, Fehler, Fohlen
G Gehsteig, Sehkraft
H ...
b) *Versuche nun, ein Wortalphabet mit Wörtern ohne Längenkennzeichnung zu schreiben.*
A aber
B Bude
C Creme
D Dose
F Faser
G Gas
H ...
c) *Wähle fünf Wörter aus und schreibe damit eine kurze Geschichte.*

Sven wird es schaffen!

Am Nachmittag gingen Sven und Ralf, sein älterer Bruder, | und dessen Freundin Anja schwimmen. | Sven blieb nach wenigen Schritten ängstlich stehen, | er traute sich nicht sofort ins tiefe Wasser. | Ralf rief ihn zu sich und nahm ihn schließlich auf den Rücken, | als Sven keinen Grund mehr unter sich spürte. | Anja ließ sich neben ihnen hertreiben, | schwamm ab und zu ein bisschen voraus, | tauchte plötzlich unter | und kam hinter ihnen triefend und blinzelnd wieder nach oben. | Sie war eine prima Schwimmerin. | 80

Sven sah sich nach den anderen Kindern um. | Er entdeckte Ramona, ein quirliges kleines Mädchen, | das vom Rücken ihres Vaters | mit einem Riesenplatscher ins Wasser sprang. | So einen Sprung wollte er auch versuchen, | aber es ging schief, | weil er unter Wasser Augen und Mund geöffnet hatte. | Er lief aus dem Wasser und ließ sich am Strand nieder. | Weil er so vieles nicht konnte, schämte er sich. | Er würde gern schwimmen können | und in der Schule im Volleyball-Team spielen. | Am liebsten aber würde er fliegen wie ein Vogel. 87

<u>Tafel:</u> Volleyball-Team

1. *Lass dir den Text von deinem Banknachbarn diktieren. Lies anschließend das Diktat aufmerksam durch und unterstreiche die Wörter, bei deren Schreibweise du unsicher bist. Schlage sie dann in einem Wörterbuch nach.*

2. ***a)*** *Unterstreiche im Text alle Wörter mit langem i-Laut.*
   b) *Lege dir eine Tabelle mit folgendem Tabellenkopf an. Trage die unterstrichenen Wörter ein.*

Wörter mit ie	Wörter mit ih	Wörter mit unbezeichnetem langen i-Laut
sie, tiefe	ihn, ihnen	prima
...	...	...

3. *Fallen dir noch weitere Beispiele zur Schreibung eines langen i-Lauts ein? Ergänze die Tabelle.*

4. ***a)*** *Suche zu jedem angegebenen Wort weitere Beispiele aus der Wortfamilie.*
tief, liegen, spielen, fliegen, siegen, frieren, schief, schwierig
tief – Tiefe, vertiefen, tiefgründig, Tiefsee
liegen – ...
b) *Bilde Wortgruppen mit „tief" und formuliere jeweils einen Satz dazu.*
erschüttert, gründig, liegend, schürfend, stehend

5. *Schreibe die Verben mit „ie" aus dem Text in dein Heft und setze jeweils daneben den Infinitiv.*
Setze nun die Verben in alle Zeiten und markiere die Längenbezeichnung „ie" farbig.
trieb, treiben – er treibt, er trieb, er hat getrieben ...

6. *Welche Verben mit „ie" im Infinitiv kennst du noch?*
biegen, ...
Setze fünf Verben in das Präteritum und formuliere je einen Satz.

7. *Entscheide: i oder ie? Schreibe die Wörter richtig in dein Heft.*
das Augenl–d, die B–bel, der B–ber, die Br–se, der Besenst–l,
der H–b, das F–ber, der Kam–n, der K–sel, die Kr–se, der L–ter,
die Masch–ne, der N–selregen, das S–gel, der T–ger,
die W–dergabe, das W–sel, ...

8. *Bei Fremdwörtern wird die Länge des i-Lauts durch „ie" in den Endungen -ie, -ier, -ieren bezeichnet.*
a) *Schreibe die folgenden Wörter richtig in dein Heft und unterstreiche die Fremdwortsuffixe.*
Chem–, Energ–, Iron–, Kolon–, Batter–
Pap–, Klav–, Scharn–
not–, marsch–, inform–, reag–, interess–, organis–
b) *Erkläre ihre Bedeutung. Verwende dazu ein Fremdwörterbuch.*
c) *Formuliere mit diesen Wörtern Sätze und diktiere sie deinem Banknachbarn.*

Der weiße Tod

Eine meterhohe Schneedecke | liegt tonnenschwer hoch oben | auf den Berghängen. | Der tödlichen Gefahr | hoffen die Menschen dadurch zu entgehen, | dass sie durch Sprengungen die Lawinen selbst auslösen. | Das ist aber nicht immer | und nicht an jedem Ort möglich. | So donnern Lawinen unvorhersehbar zu Tal | und hinterlassen eine Spur der Verwüstung. |
Obwohl in den gefährdeten Gebieten | vor der drohenden Gefahr gewarnt wird, | befinden sich unter den Opfern immer wieder | unvorsichtige Schifahrer und Wanderer. | 72

Im ersten Schock sind die Menschen wie gelähmt. | Suchtrupps mit Lawinenhunden werden eingesetzt, | um Verschüttete schnell aufzuspüren. | Es beginnt ein Wettlauf mit dem Tod. | Doch nur wenige Lawinenopfer können gefunden, | aus den Schneemassen ausgegraben | und vor dem Erfrieren und Ersticken gerettet werden. | Nicht jeder hat das Glück, | in einer Luftblase auf Hilfe warten zu können. | Schneewehen behindern oft die Sucharbeiten. |
Eine solche Naturkatastrophe bringt riesige Schäden mit sich, | die Arbeit von Jahren ist zerstört. | Viele Bewohner, | die von den Einnahmen aus dem Fremdenverkehr leben, | stehen buchstäblich über Nacht vor dem Nichts. 91

Tafel: Katastrophe

Der hartherzige Bischof

Es war einmal ein geiziger und habgieriger Bischof. | Stets strebte er danach, seinen riesigen Reichtum zu vermehren. | Als eine große Hungersnot das Land heimsuchte und sich die armen Leute Brot stahlen, | um nicht an Hunger zugrunde zu gehen, | befahl der Bischof, die Diebe in einer Scheune zusammenzutreiben. | Er ließ sie in Brand stecken und scherte sich nicht um das Wehklagen, | das aus den lodernden Flammen an sein Ohr drang. | Er lachte höhnisch und fragte: | „Hört ihr das Pfeifen der Mäuse?“ | 80

Die Strafe für seine Untat war schrecklich. | Während er schlief, liefen Mäuse auf ihm herum und nagten an ihm. | Der Bischof suchte nach einem Ausweg | und ließ sich mitten im Rhein einen Turm bauen, | um vor den Mäusen zu fliehen. | Doch diese schwammen durch den Strom, | nagten sich durch die Mauern | und fraßen den Bischof bei lebendigem Leibe auf. | Noch heute könnt ihr den Ort besuchen, an dem dies geschah: | den Binger Mäuseturm. 73

Spaziergang im Herbst

Der Herbst ist keine trübselige Jahreszeit. | Gerade im Oktober wirken lange Spaziergänge durch die bunt gefärbten Wälder besonders belebend. | Im Morgennebel riecht die Luft schon herb nach welkem Laub und nassem Holz. | Keine Spur mehr von Hitze und Staub: | Der Sommer hat sich Ende September verabschiedet. | 46

An den Rebstöcken hängen die letzten Trauben, | die bei der Ernte nicht abgepflückt wurden. | Rebhühner picken auf den abgeernteten Feldern die übrig gebliebenen Körner auf | und geben Obacht, dass sie sich nicht in Gefahr bringen. | Am Wegesrand liegen schrumpelige Äpfel etwas abseits der knorrigen alten Apfelbäume. | Ob es sich lohnt, ein paar im Korb mit nach Hause zu nehmen? 59

1. ***a)*** *Lies den Text deines Banknachbarn aufmerksam durch und korrigiere, was dir falsch erscheint. Schlage die Wörter, bei denen du unsicher bist, in einem Wörterbuch nach.*
b) *Lege in deiner Fehlerkartei eine neue Karteikarte an für die Fehlerquelle „Ähnliche Laute: b oder p?".*

2. ***a)*** *Erkläre die Schreibweise der folgenden Wörter, indem du den Genitiv Singular bildest*
Korb, Laub, Kalb, Staub, Grab, Stab, Hieb, Trieb, Urlaub
Korb – des Korbes; Laub – des Laubes; ...
die Adjektive in den Komparativ setzt
trüb, herb, derb
trüb – trüber; ...
Unterstreiche jeweils den Konsonanten b bzw. p.
b) *Wähle von jeder Wortart zwei Wörter aus und fomuliere mit jedem Wort einen Satz.*

3. *Suche zehn Verben mit der Vorsilbe „ab-" und zeige seine Verwendung wie im Beispiel.*
Äpfel abpflücken, den Ausweis abgeben, ...

4. *Suche jeweils drei weitere Wörter aus der gleichen Wortfamilie.*
Herbst – herbstlich, …
Haupt – behaupten, …
Erlaubnis – erlauben, …
Lob – lobenswert, …

5. *Ergänze: b oder p?*
a–fahren, hü–sch, o–dachlos, lie–, A–schied, Rau–e, O–st, Kre–s, rau–en, a–stau–en, Lei–, Lo–, gel–, Gra–, stül–en, Hie–, Er–se, Kal–, Schli–s, hal–, O–tiker, ske–tisch, Klu–, tau–

6. ***a)*** *Erkläre die Schreibweise der konjugierten Verben, indem du sie in den Infinitiv setzt. Unterstreiche jeweils den Konsonanten p bzw. b.*
bleibt, gibt, tobt, schiebst, hob, hupt, bebte, grub, schob, rieb, lebten, piept, erbte, übt, schraubte, strebte, schwebtest, verlobt, verliebt
bleibt – bleiben; …
b) *Suche zehn Verben aus und formuliere damit Sätze. Diktiere sie anschließend deinem Banknachbarn.*

7. *Löse das Rätsel.*
dünner werden
schön, attraktiv
anderes Wort für Schlag
junges Rind
alte Bezeichnung für Körper
Anerkennung
zur Hälfte
jemand, der stiehlt
Verein
Behälter aus Weidenruten
freundlich, nett
Gesang der Grille
Trennung

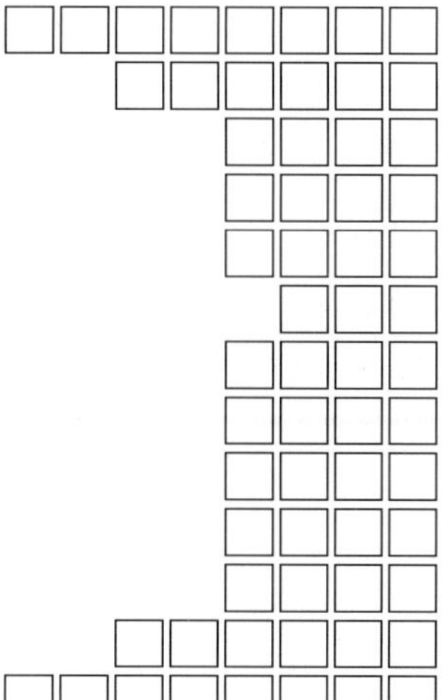

Fackelwanderung

Obwohl es schon spät im November und empfindlich kalt war, | machten wir uns erst bei Anbruch der Dämmerung eilig auf den Weg | durch den winterlich verschneiten Wald. | Da es die Vögel bei anhaltendem Frost | besonders schwer haben, Nahrung zu finden, | und um ihr Futter oft kämpfen müssen, | nahmen wir für sie verschiedene Körnermischungen mit. | 53

Bald folgten wir dem schmalen Pfad am Bach entlang, | der an den Ufern bereits dick gefroren war | und nur noch gemächlich dahinfloss. | Wenn wir die Zweige der Kiefern und Fichten streiften, | konnten wir den Schnee sanft von den Zweigen fallen hören. | Vielfach mussten wir durch tiefe Schneewehen stapfen, | sodass wir nur allmählich dem Ziel unserer Nachtwanderung, | dem Futterplatz für das Rotwild, näher kamen. | Vielleicht würden wir die scheuen Tiere aus der Ferne beobachten können. | Doch als wir schließlich ankamen, | war weit und breit kein Wild zu sehen, | obwohl wir ganz vorsichtig und leise herangegangen waren. | Wahrscheinlich war es noch zu früh. 101

1. *Korrigiere dein Diktat, indem du es mit der Textvorlage sorgfältig vergleichst. Achte besonders auf die f-Laute und auf die Endungen -ig und -lich. Notiere die Wörter, die du falsch geschrieben hast, in richtiger Schreibweise unter deinem Diktat.*

2. *Lege eine neue Karte in deiner Fehlerkartei an mit der Überschrift „f-Laute: f, v, w, pf". Verbessere hier deine Fehler und bilde jeweils zwei Ableitungen oder Zusammensetzungen.*
Verfahre genauso mit den Adjektiv-Endungen „-ig" und „-lich".

3. ***a)*** *Ordne alle Wörter mit f-Lauten aus dem Text in die Tabelle ein.*

f	v	pf
Frost	November	empfindlich
…	…	…

b) *Ergänze folgende Wörter und ordne sie ebenfalls der Tabelle zu.*
Straßen–laster, Kranken–lege, Kreis–erkehr, Gi–t–lanze, an die Tür klo–en, –enster, –order–oten, –ogel–lügel, To– –lanzen, Alpen–eilchen, Dam–maschine, –laume, Blumen–ase

4. ***a)*** *Bilde von folgenden Wörtern je zwei weitere Ableitungen.*
empfindlich, Frost, finden, folgen, froh, früh, verzeihen
empfindlich – unempfindlich, ...
Frost – frostig, ...
finden – gefunden, ...
folgen – verfolgen, ...
froh – fröhlich, ...
früh – Frühling, ...
verzeihen – verzeihlich, ...
b) *Formuliere mit einem Wort aus jeder Liste jeweils einen Satz.*

5. ***a)*** *Ergänze den f-Laut. Lass dir den Text diktieren und korrigiere ihn anhand der Vorlage. Achte auch auf die Groß- und Kleinschreibung.*
b) *Verbessere deine Fehler und übertrage die richtig geschriebenen Wörter in deine Fehlerkartei und bilde von jedem Wort zwei Ableitungen.*
Endlich war von –erne das Röhren der Hirsche deutlich zu –ernehmen. Wir –erhielten uns mucksmäuschenstill, um die scheuen Tiere nicht zu –ertreiben. Sie –anden einen großen –utter–orrat –or. Manchmal hielten sie beim –ressen inne und schienen in den –insteren –orst zu lauschen. Das –ahle Mondlicht –erlieh ihrem –ell einen besonderen Glanz. Nachdem das letzte Tier den –utterplatz –erlassen hatte, zündeten wir unsere –ackeln an und machten uns bei eisiger Kälte –oll –or–reude auf die gemütlich warme Stube auf den Heimweg. Mancher Wanderer ließ seiner –antasie –reien Lau– und –abulierte von Waldgeistern und El–en.

6. ***a)*** *Unterstreiche auf deinem Arbeitsblatt die Wörter auf -ig rot und diejenigen auf -lich grün. Sprich sie deutlich aus.*
b) *Verfahre genauso mit den entsprechenden Wörtern im Text von Aufgabe 5.*
c) *Schreibe die Wörter aus beiden Texten nach den Endungen getrennt heraus und ergänze diese beiden Wortlisten mit eigenen Beispielen.*

7. *Warst du selbst schon einmal bei einer Wildtierfütterung dabei? Oder konntest du das Treiben an einem Futterhäuschen beobachten? Schreibe eine Erlebniserzählung zu einem der beiden Themen.*

Spuk in der Burg

Links und rechts der Autobahn von Bad Hersfeld nach Dresden stehen drei Burgen. | Eine ist ein stets gut besuchtes Schlosshotel, | die beiden anderen sind nur noch Ruinen. | Von der Burg Gleichen erzählen sich die alten Leute | haarsträubende unheimliche Geschichten von einer umhergeisternden weißen Frau. | Nachts, wenn es stockfinster ist, | soll sie über die Steine im Innenhof hasten. | Die Haare hängen ihr in wirren Strähnen vom Kopf. | Sie schlägt sich jammernd an die Brust | und verschwindet schließlich beim ersten Sonnenstrahl in einem Mauerspalt. | In einer spannenden Sage heißt es, | sie habe ihren ungetreuen Mann erschlagen. | Kinder aus dem Dorf machen sich manchmal den Spaß, | die Geschichte zu spielen. | Am liebsten würden sie auch mal eine Nacht im Burghof bleiben. | Am Tage ist die Burg zur Besichtigung offen, | am späten Nachmittag wird das alte Burgtor aber zugeschlossen. | Dann ist es äußerst schwierig, in die Ruine hineinzukommen. | Und verboten ist es schließlich auch. 150

Tafel: Burg Gleichen (in Thüringen, südöstlich von Erfurt)

1. *Lies den Text deines Banknachbarn sorgfältig und korrigiere, was dir falsch erscheint. Unterstreiche das falsch geschriebene Wort und markiere den Fehler am Rand. Schlage im Wörterbuch nach, wenn du nicht sicher bist.*

2. *Übertrage die Wörter, die du falsch geschrieben hast, in richtiger Schreibweise in deine Fehlerkartei und bilde zu jedem Wort zwei Ableitungen oder Zusammensetzungen.*
   Beispiel: Ähnliche Laute: e oder ä?
   ä – hängen, verhängnisvoll, Anhänger, Strähnen, strähnig, Haarsträhne, Garnsträhne

3. *Unterstreiche in deinem Diktat alle Wörter mit sch, sp und st. Lies nun den Text laut und deutlich vor. Achte dabei besonders auf die richtige Aussprache von sch, sp und st.*

4. *Trage die unterstrichenen Wörter in folgende Tabelle ein. Ergänze anschließend jede Spalte mit zehn weiteren Beispielwörtern.*

sp	st			sch
	W-Anfang	W-Inneres	W-Ende	
spukende	stets	Gespenster	Angst	Schlosshotel
...	...	...	...	...

5. ***a)*** *Schreibe die zusammengesetzten Wörter ab. Markiere Grundwort und Bestimmungswort in verschiedenen Farben.*
b) *Bilde mit diesen Wörtern Sätze und diktiere sie deinem Banknachbarn.*

6. ***a)*** *Bilde wenigstens je zwei Ableitungen zu folgenden Wörtern.*
stehen, suchen, laufen, finster, schlagen, spielen
stehen – entstehen, ...
b) *Suche zu jedem Verb weitere Beispiele aus der Wortfamilie.*
stehen – ständig, Verstand, ...

7. ***a)*** *Im Ausgangstext wird von einer „weißen Frau" erzählt, die in der Burg Gleichen nachts als Gespenst erscheint. – Wie könnte es dieser Burgfrau ergangen sein? Schreibe die Sage auf, beginne so:*
„Es war einmal eine schöne junge Gräfin, die gefiel dem Herrn von Gleichen sehr, ...
b) *Was stellst du dir unter „haarsträubenden Geschichten" vor?*

8. *Schreibt zur Sage von der weißen Frau ein kurzes Theaterstück und führt es auf.*
Überlegt dabei, wie die Personen heißen könnten, welche Eigenschaften sie haben, wie sie gekleidet sein könnten.
Auch ein ganz einfaches Bühnenbild könnt ihr euch ausdenken.
Sprecht mit eurer Lehrerin/eurem Lehrer für Kunsterziehung.

9. *Kennst du in deiner Heimat Burgen oder Schlösser, um die sich Geschichten ranken? Erkundige dich.*

So ein Ärgernis!

Meine Tante und mein Onkel hatten uns neulich voller Freude von ihrem neuen Auto erzählt. | Der Verkäufer hatte ihnen zu einem Wagen in einem bläulichen Farbton geraten. | Außerdem hatte er ihnen erläutert, | worin die Vorteile gerade dieses Fahrzeugtyps lägen. | Vom Fahrlärm höre man im Innenraum fast nichts. | Die Innenausstattung sei äußerst aufwendig (aufwändig). | Er ließ auch nicht unerwähnt, | dass es sich um ein diebstahlsicheres Modell handle. | 66

Stolz und glücklich präsentierten meine Verwandten das gute Stück. | Leider hatten sie mit ihrem Tiefgaragenstellplatz ein wenig Pech. | Die Zufahrt ist sehr schmal, | sie wird nämlich durch ein Geländer und eine Säule eingeengt. | Meine Tante, eigentlich eine geübte Fahrerin, | hatte das beim ersten Einparken nicht bedacht. | Ein Geräusch ließ sie aufhorchen. | Nachdem sie ausgestiegen war, | sah sie einige hässliche Kratzer an der Wagentür. | Vor Entsetzen wurde sie ganz blass. | Daran, was ihr Mann dazu äußern würde, | wollte sie erst gar nicht denken. 82

1. *Unterstreiche alle Wörter, bei deren Schreibweise du nicht sicher bist. Schlage sie im Wörterbuch nach und schreibe sie anschließend richtig unter deinen Übungstext.*

2. *Kennzeichne im Text alle Wörter mit einem Diphthong oder einem Umlaut.*
   Welche Vokale bzw. Vokalgruppen klingen ähnlich?

3. *Schreibe den Tabellenkopf in dein Heft ab und trage die entsprechenden Wörter aus dem Diktat ein.*

e	ä	eu	äu
aufwendig	aufwändig	neulich	Verkäufer
...	...	...	...

4. *Von welchem Wortstamm sind die folgenden Wörter gebildet worden? Um welche Wortart handelt es sich?*
   ländlich, spärlich, veränderlich, nämlich, neulich, gefährlich, ähnlich, erwähnen, rätselhaft, ehrlich

5. *Bilde mit den Nomen aus der Wortliste je drei Komposita. Unterstreiche Grund- und Bestimmungswort verschiedenfarbig.*
Ährenlese, Roggenähre, ...
Wortliste:
Ähre, Bäcker, gewähren, Lärche, Käufer, Mähne, Mäuse, Läufer, nämlich, stählen, währen, Ehre, Becken, Beule, Beute, deuten, Keule, Lerche, leuchten, Meute, räuspern, stehlen, wehren

6. Gewehr – Gewähr; Leib – Laib; Lerche – Lärche; Reim – Rain; Seite – Saite; Stelle – Ställe; Weise – Waise
Schreibe die Sätze ab und ergänze sie mit den richtigen Begriffen.
1. Beim Spielen ist mir eine S– meiner Gitarre gerissen.
2. Am Feldr– blühen Mohn- und Glockenblumen.
3. Heute haben wir im Literaturunterricht Kreuz- und Paarr– kennen gelernt.
4. Bis zur nächsten Deutschstunde habe ich noch etliche S– zu lesen.
5. Ich habe beim Bäcker einen L– Brot gekauft.
6. Berühmte Menschen halten sich oft L–wächter.
7. Ein Kind, das keine Eltern mehr hat, ist eine W–.
8. Auf diese W– wirst du nicht fertig werden.
9. An dieser St– stand früher eine große Eiche.
10. Die Bekanntmachung der Lottozahlen erfolgt ohne G–.
11. Die L– ist ein Nadelbaum, der im Herbst seine Nadeln abwirft.
12. Die unscheinbare L– ist allein wegen ihres schönen Gesangs vielen Menschen bekannt.
13. Am Tag des Almabtriebs kehren die Kühe für mehrere Monate in die Viehs– ihrer Bauern zurück.
14. In der Ausstellung des Jagdmuseums zeigte man G– aus dem letzten Jahrhundert.

7. Räuber – Wälder – bärtig – schäbig – gespenstisch – lärmen – Säcke – Gewehre – Herberge – einkehren – Gäste – fremde – nächtelang – sich wehren – mächtig – Gefängnis – während – nämlich – gefährlich
a) *Du kennst sicher die Geschichte vom Wirtshaus im Spessart. Erzähle sie nach, indem du einige der angegebenen Wörter verwendest. Zeichne dazu eine Bildergeschichte.*
b) *Erkundige dich, wo der Spessart liegt, und schlage in deinem Atlas nach.*

Krokodile

Das Krokodil ist eine der lebenstüchtigsten Panzerechsen, | da es über einen größeren Lebensraum verfügt | als alle anderen afrikanischen Echsenarten. | Während der ersten drei Monate | brauchen die Krokodilbabys zunächst noch den mütterlichen Schutz. | Aber die Jugend ist auch für die grimmigsten aller Panzerechsen keine unbeschwerte Zeit, | denn sie haben viele natürliche Feinde. | Sogar die erwachsenen Krokodile selbst | sind hinter den Jungen her. | Von hundert Tieren einer Brut | wachsen höchstens fünf zu großen Jägern heran. | Auf ihren Beutezügen verwenden sie einige Tricks: | Die Beute wird zunächst ins Wasser gezerrt, dann ertränkt | und so lange um die eigene Längsachse herumgeworfen, | bis ein maulgroßer Happen abreißt. | 102

Das Überleben der Krokodile | ist durch das Eingreifen des Menschen in höchster Gefahr. | Viele betrachten sie noch immer | als eines der verachtungswürdigsten Raubtiere. | Wegen Modeartikeln wurde auf diese urzeitlichen Tiere Jagd gemacht. | Lange Zeit wurde die Ausrottung sogar öffentlich betrieben, | sodass diesen Raubtieren zwangsläufig nur noch wenige Rückzugsgebiete blieben. 49

Nach Norman Myers: Gehasst, gejagt, am Ende? In: GEO 6/1979, S. 46 ff.

1. ***a)*** *Unterstreiche im Text alle Wörter mit einem x-Laut. Ordne nun die Wörter richtig zu.*

x: ...
gs: tüchtigsten, ...
ks: ...
cks: Tricks, ...
chs: Echsen, ...

b) *Ergänze die Wortlisten mit den passenden Wörtern.*

Text, Bienenwachs, Nixe, wechseln, Weichselkirschen, Jux, Dachs, Fuchs, Alexander, boxen, explodieren, Büchse, Koks, Wagendeichsel, Ochsenkarren, Glückskleeblatt, Tintenklecks, Erwachsener, Hexe

c) *Wähle acht Wörter aus und verwende sie in je einem Satz.*

2. *Bilde so viele Ableitungen und Zusammensetzungen wie möglich.*
Wachs, Büchse, boxen, Wuchs, wechseln
Wachs – wächsern, ...
usw.

3. ***a)*** *Häufig entstehen x-Laute bei Verben in der 2. Person Singular Präsens. Konjugiere folgende Verben im Singular. Setze jeweils das richtige Personalpronomen davor.*
lachen, wachen, strecken, biegen, sich bücken, fliegen, wiegen
b) *Setze nun die Verben in die 3. Person Singular Präteritum und verwende jedes in einem Satz.*

4. *Schreibe folgenden Text ab und ergänze die Lücken.*

1. Um Leinen herzustellen, muss man zunächst einmal Fla– anbauen. Beim Färben streicht man Bienenwa– auf die Stellen, die ausgespart werden sollen.
2. Die Bienen stellen kunstvolle se–eckige Waben her.
3. Die Jäger stellen den Fü–en nach, weil sie oft die Tollwut verbreiten und so für die anderen Tiere des Waldes, aber auch für das Vieh auf der Weide hö–t gefährlich sind.
4. Noch immer werden viele Lebensmittel in Bü–en aus Weißblech konserviert.
5. Die A–t im Hause erspart den Zimmermann.
6. Ma– und Moritz haben sich so manchen Ju– erlaubt.
7. In unseren Wäldern sieht man nur noch selten einen Da–. Lu–e muss man im Zoo betrachten.
8. Die La–e schwimmen zum Laichen stromaufwärts.
9. Die Hofdamen machen vor der Königin einen Kni–.

5. *Erkundige dich über die Lebensgewohnheiten der Krokodile. Nutze dazu dein Biologiebuch und frage nach Literatur in deiner Stadt- oder Kreisbibliothek. Berichte über deine Ergebnisse vor der Klasse.*

Drei tolle Tage

Die einen nennen es Fasching, | die anderen Karneval oder Fastnacht, | und in manchen Gegenden Deutschlands | sind die drei tollen Tage todsicher die besten Festtage im Jahr. | Einige denken ganz anders. | Sie finden es todlangweilig, sich zu verkleiden | und mit Radau und Gelärme durch die Stadt zu ziehen. | Sie haben Angst, im Gedränge fast totgetreten zu werden. | 56

Den Fasching gibt es schon seit Jahrhunderten | und er ist nicht totzukriegen. | Die Freude am Verkleiden führt zu den tollsten Kostümen. | Manche Menschen schlüpfen in todschicke Kleider. | Sie wollen einmal im Jahr eine feine Dame oder ein vornehmer Herr sein. | Manche erschrecken ihre Mitmenschen gern einmal. | Sie gehen als Totengräber oder als Gespenst mit einem Totenschädel auf dem Kopf. | Man erschrickt bei ihrem Anblick fast zu Tode. | Über Büttenreden und Männerballetts kann sich mancher beinahe totlachen. | Doch viele bleiben todernst und hoffen, | dass der Trubel bald vorbei ist. 87

1. *Lies den Text deines Banknachbarn sorgfältig und korrigiere, was dir falsch erscheint. Unterstreiche das falsch geschriebene Wort und markiere den Fehler am Rand.*
Achte besonders auf die Schreibweise der Wörter mit tod-/tot- und schlage im Wörterbuch nach, wenn du dir nicht sicher bist.

2. *Versuche folgende Begriffe zu erklären. Nimm ein Lexikon zu Hilfe, wenn dir ein Begriff unklar ist.*
Karnevalsumzug, Faschingskostüm, Damenkostüm, sich kostümieren, Maske, sich maskieren, Büttenrede, Ballett

3. *Erkundige dich, was das Wort „Bütte" in „Büttenrede" und „Büttenpapier" bedeutet. Auch das Wort „Böttcher" ist damit verwandt.*

4. *Unterstreiche im Text alle mit „tod-" oder „tot-" zusammengesetzten Wörter. Trage dann die unterstrichenen Wörter in die Tabelle ein.*

tod-	tot-
todsicher	totgetreten
...	...

5. *Schreibe den folgenden Text ab und setze den richtigen Wortstamm ein.*
Ich finde die Figuren in der Gespensterbahn eher zum Tod/tlachen, aber manche Leute kommen mit tod/tenblassen Gesichtern wieder ans Tageslicht. Gleich zu Beginn der Fahrt erschreckte uns eine Figur, die wohl der Tod/t sein sollte. Meine Freundin meinte, sie stünde während der Fahrt Tod/tesangst aus. Dann gingen wir zu einem anderen Karussel, der „Tod/tesspirale". An der Kasse drängten sich so viele, dass man fast tod/tgetreten wurde. Überhaupt war es auf dem Rummel so voll, dass man sich nur tod/tesmutig in das Getümmel stürzen konnte.

6. ***a)*** *Bilde Zusammensetzungen oder Ableitungen mit tod-/tot- und schreibe sie in dein Heft.*
fahren – sagen – laufen – schweigen – schlagen
krank – müde – matt – geweiht – elend – ernst – langweilig
Furcht – Art – Angst – Zeit – Strafe – Tag – Folge – Kopf – Messe – Sonntag
b) *Unterstreiche tod- und tot- in verschiedenen Farben und kontrolliere die Rechtschreibung mit Hilfe eines Wörterbuchs.*
c) *Welchen Wortarten gehören die Wörter an?*

7. *b oder p? d, t, dt oder tt? g oder k?*
a) *Sprich die Wörter deutlich aus und ergänze den letzten Buchstaben. Bilde zur Kontrolle eine Ableitung oder eine Zusammensetzung.*
Lan–, Hun–, Pfer–, Freun–, hunder–, Ta– oder Ta–, Sta– oder Sta– oder Sta–, Wu–, gu–, Ra– oder Ra–
b) *Setze die Verben in den Infinitiv.*
sie rä–, er ba–, sie gru–, er fan–, es erfreu–, sie ban–, er ga–
c) *„seid" oder „seit"? Formuliere mit jedem Wort einen Satz.*

8. *Verfasse eine kleine Geschichte über*
– einen Besuch auf einem Volksfest
– die Faschingsfeier an deiner Schule oder in deinem Heimatort.
Verwende dabei einige der Komposita aus den Übungen 4 mit 6.

Endspurt!

Seit Beginn des Wettkampfes lag eine entsetzliche Hitze über dem Stadion. | Trotzdem hielten die Läuferinnen das hohe Anfangstempo verblüffend gut durch. | Ihre Kondition war wirklich hervorragend, | die endlos langen Trainingseinheiten schienen sich auszuzahlen. |
Die Kenianerinnen lagen über mehrere Runden überraschend weit vorne, | gefolgt von einem weit abgeschlagenen Mittelfeld. | Das Schlusslicht bildete eine Läuferin in einem leuchtend roten Trikot. | Drei Runden vor Schluss wurde es interessant. | Wild entschlossen setzte die bis dahin zurückhaltend laufende Brasilianerin zum Endspurt an. | Erstaunlich leichtfüßig ließ sie das Mittelfeld hinter sich | und schloss zur Spitzengruppe auf. | Sie wirkte überraschend frisch, | als es in die Endrunde ging. | Niemand hatte das erwartet. | Die von Begeisterung überwältigten Zuschauer | sparten nicht mit tosendem Beifall. |
Mit einer überzeugenden Leistung erreichte sie als Erste das Ziel | und winkte lächelnd in die Menge. | Während sie freudestrahlend die Goldmedaille entgegennahm, | zeichnete sich in den Gesichtern der Geschlagenen tiefe Enttäuschung ab. 146

Tafel: Kenia, Medaille

1. *Korrigiert eure Diktate gegenseitig, vermerkt die Fehler auch am Rand. Tauscht dann die Hefte aus und verbessert die Fehler. Schlagt bei Unsicherheit im Wörterbuch nach.*

2. *Schreibe alle Fremdwörter aus dem Diktat heraus und versuche sie kurz zu erklären wie im Beispiel. Nimm bei den Wörtern, die dir unbekannt sind, ein Nachschlagewerk zu Hilfe.*
   Stadion, Tempo, Kondition, Training, Trikot ...
   Stadion – Platz für Sportwettkämpfe
   Tempo – ...

3. *Lege für die Fehler, die du bei Wörtern mit den Vorsilben end- und ent- gemacht hast, eine neue Karte für deine Fehlerkartei an mit der Überschrift: „Ähnlich klingende Laute: end-/-end/ent-" und dem Tabellenkopf von Aufgabe 4.*

4. *Markiere alle Wörter im Text mit der Vorsilbe ent-, der Vorsilbe end- und der Partizipendung -end in drei verschiedenen Farben und ordne sie in die Tabelle ein.*

Vorsilbe		Partizip Präsens
endlos	entsetzlich	hervorragend
...	...	...

5. *Ordne folgende Wörter der jeweiligen Spalte zu und ergänze die Tabelle durch eigene Beispiele.*
Entschuldigung, weinend, entspannend, endlich, entzwei, Endpunkt, schreiend, Endergebnis, entdecken, enttäuschen, entweder, suchend, Endspiel, entleeren, endlos, wütend, entdecken

6. *Wähle aus der Tabelle von Aufgabe 4 sechs Wörter mit den Vorsilben end- und ent- aus und formuliere mit diesen Wörtern jeweils einen Satz. Diktiere die Sätze deinem Banknachbarn.*

7. ***a)*** *Füge zu den folgenden konjugierten Verben ein Personalpronomen hinzu und bilde das Partizip Präsens.*
lachst, jagt, saß, warte, schläfst, gestanden, schmunzelte, überlegt, las, geschrieben, spielten, gewannen, lief
du lachst – lachend; er jagt – ...
b) *Zeige die Verwendung des Partizip Präsens als Attribut (hier wird es dekliniert) und als Adverb. Formuliere drei Beispielsätze mit verschiedenen Partizipien deiner Wahl. Unterstreiche die Partizipien.*
Jeden Sonntag erzählt Kapitän Blaubär schmunzelnd seinen lachenden Enkeln die unglaublichsten Geschichten.

8. *Entscheide: end-, ent- oder -end? Schreibe den Text in dein Heft.*
Manchmal scheint der Vormittag –los zu sein. Die Unterrichtsstunden wollen einfach nicht zu Ende gehen. Wenn –lich der lang ersehnte Gong ertönt, stürmen wir lärm– aus der Schule. Frag– erwartet mich meine Mutter, und währ– wir zu Mittag essen, erzähle ich ihr, was sich alles ereignet hat. Anschließ– erledige ich –weder meine Hausaufgaben oder ich spiele ein bisschen mit meinem kleinen Bruder. Am späten Nachmittag, wenn die Hausaufgaben gemacht sind, fängt –gültig die Freizeit an. Oft –scheide ich mich für ein spann–es Buch oder ich –spanne mich bei Musik.

Gefährliche Waffen

Tiere haben bewährte Waffen, | um sich vor Feinden zu schützen: | spitze Zähne, scharfe Schnäbel, Hufe, Krallen, Klauen und Hörner. | Nur wenige Tiere verwenden sie auch als Angriffswaffen. | Mit ihnen setzen sie sich im Kampf zur Wehr | und töten ihre Beute. | Schlangen, Spinnen, Bienen und noch viele andere, hauptsächlich Insekten, | stellen zu ihrer Verteidigung Gift her. | Nicht nur an Land, | auch im Meer gibt es mehrere Tierarten, | die Gift erzeugen. | Die prächtigen, rot leuchtenden Korallen sind giftig. | Die so friedlich und harmlos aussehenden Quallen | verfügen über winzige, raffinierte Nesselzellen an ihrem Körper, | deren Kapseln zum Teil Gifte enthalten. | 97

Viele sind sogar für Menschen gefährlich. | Hautrötungen und Juckreiz sind noch harmlose Folgen. | Vielfach rufen diese Giftstoffe Lähmungen und Krämpfe hervor, | in manchen Fällen führen sie sogar zum Tod. | Diese Wirkung fiel den Menschen schon früh auf. | So verwendeten viele Völker neben Pflanzengiften auch solche Gifte, | die aus Tieren gewonnen wurden. | Die mit tödlichem Gift versehenen Pfeile der Indianerstämme | waren bei den weißen Eroberern gefürchtet. 65

Ein Unglück kommt selten allein …

Herr Klein war auf dem Weg nach Hause. | Er dachte daran, sich ein Schnitzel zu braten | und dazu Reis mit Erbsen und Maiskörnern zu essen. | Anschließend würde er bei einem Glas Weißbier das Pokalendspiel im Fernsehen verfolgen | und so seinen harten Arbeitstag gemütlich im Sessel sitzend beenden. |
Doch auf dem spärlich beleuchteten Weg am Gewächshaus entlang stolperte er. | Er versuchte sich mit den Händen abzustützen, | aber es nützte nichts: | Er knickte mit dem Fuß um und landete im Rosenbeet. | Nach ein paar Schrecksekunden richtete er sich ächzend auf. | Von den Dornen ganz zerkratzt, hinkte er vorwärts. | Sein Knöchel schmerzte schrecklich. | Verärgert dachte er ans nächste Wochenende. | Da wollte er seinen längst fälligen Urlaub antreten. | Er kam sich vor wie der größte Unglücksrabe. 122

Ein guter Rat

Vor zwei Wochen hatte Larissa ihren Führerschein bestanden. | Sie bat ihre Oma darum, | ihr das alte Auto zu überlassen. | Schließlich fuhr sie doch schon ganz passabel! | Die Großmutter war damit einverstanden, | denn sie saß sowieso lieber mit ihren Freundinnen | bei einem Stück Sahnetorte im Altstadtcafé | und genoss die letzten Sonnenstrahlen. |
Als sie jedoch einmal ihre Enkelin nach einem Regenguss rasant um die Ecke biegen sah, | wurde sie schon etwas misstrauisch. | Larissa schien sich nämlich noch nicht bewusst zu sein, | dass nasse Straßen besonders tückisch sind. | Oma erklärte ihrer missmutig dreinschauenden Enkelin, | dass sie bei Nässe den Fuß vom Gaspedal nehmen müsse. | Sie habe ihre Geschwindigkeit stets den Straßenverhältnissen anzupassen. | Larissa ließ sich das durch den Kopf gehen und versprach, | den Rat ihrer Großmutter nicht zu vergessen. 126

1. *Lies den Text aufmerksam. Suche dabei für die Fremdwörter „passabel" und „rasant" deutsche Wörter.*
Erkläre: Wann schreibt man „Kaffee", wann „Café"? Verwende jedes Wort in einem Beispielsatz.

2. ***a)*** *Schreibe aus dem Text alle Wörter heraus, in denen auf einen Vokal ein s-Laut folgt.*
b) *Unterstreiche die Wörter, in denen der Vokal vor dem s-Laut kurz gesprochen wird. Lies diese Wörter laut vor. Was stellst du fest? Formuliere eine Regel.*

3. *Suche jeweils drei weitere Wörter aus der entsprechenden Wortfamilie.*
Gras – Grashalm, ...
Glas – gläsern, ...
Süßigkeit – süß, ...
genießen – genießerisch, ...
vergessen – vergesslich, ...
Straße – Straßenverkehr, ...
nass – Nässe, ...
Spaß – spaßhaft, ...

4. ***a)*** *Konjugiere mündlich die folgenden Verben im Singular Präsens.*
genießen – anpassen – lassen – vergessen – wissen – heißen – vermissen – tosen – blasen – reisen – reißen
b) *Schreibe nun jedes Verb im Infinitiv, in der ersten Person Singular Präsens und Präteritum in dein Heft. Welche Veränderungen kannst du feststellen? Unterstreiche die betreffenden Vokale und Konsonanten wie im Beispiel.*
genießen – ich gen<u>ieß</u>e – ich gen<u>oss</u>
usw.

5. *Suche Reimwörter. Wer findet die meisten?*
s: Waise – Weise, …
ß: Stoß – groß, …
ss: krass – dass, …
Klasse – Masse, …

6. *Erkundige dich: Was ist eine Schleuse? Kennst du eine Reuse? Schlage in einem Wörterbuch nach.*

7. *Schreibe den Text ab und setze den richtigen s-Laut ein.*
Wenn die Stra–e na– ist, mu– der Autofahrer den Fu– vom Ga– nehmen. Sie lä–t mir viele Grü–e bestellen und sendet dir einen gro–en Blumenstrau–.
Er ma– mit dem Me–becher nicht die richtige Menge Klo–pulver ab.
Der Einbrecher bedrohte die Ka–iererin der Krei–sparka–e mit einer Schreckschu–pistole.

8. *Schreibe zu folgenden Wörtern ein Silbenrätsel.*
Dazu musst du zunächst jedes Wort kurz erklären. Anschließend trennst du die gesuchten Wörter so oft wie möglich. Beachte dabei die Silbentrennung und schlage, wenn du dir nicht sicher bist, in einem Wörterbuch nach. Zum Schluss ordnest du alle kleingeschriebenen Silben nach dem Alphabet.
Lasso – Tasse – Rasen – Riese – Schlosshof – Speiseeis – Glashaus

Die Welt der Halligen

An der Westküste Schleswig-Holsteins, mitten im Wattenmeer, | liegen die Halligen. | Sie unterscheiden sich von den größeren Inseln dadurch, | dass sie keinen sturmflutsicheren Deich haben. | Bei starkem Westwind überflutet das Meerwasser die Halligen, | sodass es Landunter gibt. | Das ist etwa zehnmal im Jahr der Fall. | Die Menschen haben deshalb ihre Häuser | auf künstlich aufgeworfene Erdhügel gebaut, | die so genannten Warften. |
Das Besondere an den Halligen ist, | dass es dort Salzwiesen gibt. | Nur speziell angepasste Pflanzen sind in der Lage, | die zeitweilige Überspülung durch das Meerwasser zu ertragen. | Wenn man genau hinsieht, kann man erkennen, | dass die Salzwiesen den Lebensraum | für eine Vielzahl von Tieren und Insekten bilden. | Etwa neun Millionen Zugvögel nutzen das Wattenmeer als Rastplatz. | Auf ihrer Reise von den arktischen Brutplätzen | zu den südlichen Überwinterungsgebieten | fressen sie sich Fettreserven an, | sodass sie für den Weiterflug gerüstet sind. | Bei einem Besuch auf einer Hallig könnt ihr sehen, | dass das Leben dort nicht einfach ist. 154

1. a) *Unterstreiche alle Nebensätze rot, die mit der Konjunktion „dass" oder „sodass" eingeleitet werden. Ziehe um die Konjunktion „dass" einen roten Kreis.*
b) *Schreibe den bestimmten Artikel „das" zusammen mit seinem Nomen heraus.*
c) *An einer Stelle wird das Demonstrativpronomen „das" verwendet. Ersetze es durch „dies" und erkläre, worauf es sich bezieht.*

2. a) *„das" oder „dass"? Schreibe den Text in dein Heft. Begründe deine Entscheidung, wende die Ersatzprobe an und nenne die Wortart.*
Da– Trinkwasser, da– früher mühsam gesammelt werden musste, wird heute vom Festland bezogen. Da– Vieh, da– man im Sommer auf den Salzwiesen sieht, wird Pensionsvieh genannt. Vorschrift auf den Halligen ist es, da– jedes Haus ein Fluchtzimmer hat, da– außerordentlich dicke Betonwände haben muss. Da– ist die letzte Zuflucht bei Sturmflut, wenn da– Meerwasser in die Häuser eindringt. Da– trotz ständiger Gefahr dort Menschen leben, da– ist manchem unbegreiflich.
b) *Kennzeichne die Relativsätze in diesem Text mit einer Wellenlinie und ziehe um das Relativpronomen „das" einen blauen Kreis.*

3. *Verbinde folgende Teile zu ganzen Sätzen.*
1. Von den Friesen ist bekannt
2. Das gefällt mir
3. Festlandbauern bringen das Vieh

a. das im Sommer auf der Hallig weidet
b. dass sie gern und viel Tee trinken
c. dass die Friesen zu feiern verstehen

4. *Löse das Rätsel.*
Beutetier der Katze
fortfahren
Erz, aus dem Stahl hergestellt werden kann
gefrorene Oberfläche auf einem See
Gegenteil von „laut“
Klugheit im Alter (Adjektiv)
jemandem etwas vorlügen
Wände anstreichen
sehr groß
einer, der immer klüger ist
beliebtes Ballspiel
sehr schnell fahren

5. ***a)*** *s, ss oder ß? Diktiere die Wörter deinem Banknachbarn.*
Adjektive auf -ig:
lä–ig, ei–ig, bi–ig, ri–ig, barfü–ig, mü–ig, schlü–ig, wä–erig, rie–ig
Adjektive auf -lich:
wei–lich, blä–lich, verge–lich, schlie–lich, sü–lich, mi–lich
b) *Schreibe neben jedes Adjektiv das Wort, von dem es abgeleitet ist. Bilde mit drei Wörtern aus jeder Reihe Sätze.*

6. ***a)*** *Informiert euch über das Leben der Menschen auf den Halligen. Fragt eure Erdkunde- und Biologielehrer/innen.*
b) *Überlegt, warum die Menschen auf den Halligen leben und sie nicht einfach wegen der beständigen Gefahr verlassen.*
c) *Vielleicht könnt ihr das Ergebnis eurer Nachforschungen in einer Wandzeitung präsentieren.*

Helau und Hallo!

Der Faschingsdienstag, das ist ein Tag, | der von vielen Schülerinnen und Schülern sehnsüchtig erwartet wird. | Seit Schuljahresbeginn wurde wie jedes Jahr an unserer Schule | unter der Leitung des Faschingsklubs fleißig geprobt, geschneidert und organisiert, | damit das Fest ein Erfolg wird. | Es ist allgemein bekannt, | dass es immer zwei Veranstaltungen gibt. | Für die unteren Klassen findet sie nachmittags mit verkürztem Programm statt. | Für die Großen startet erst abends das Faschingstreiben. | 69

Es ist klar, dass die Älteren ausgelassener feiern, | ein tolleres Programm und die bessere Musik haben. | Selbstverständlich ist auch, | dass die besten Büttenreden und die schönsten Kostüme ausgezeichnet werden. | Deshalb versuchen vor allem Schülerinnen und Schüler der achten Klassen sich einzuschleichen. | Das hat aber selten Erfolg. | Der Ordnungsdienst passt nämlich auf. | Ein Trost für die Ausgesperrten ist, | dass sie alle älter werden und dass sie dann dafür sorgen, | dass die unteren Klassen draußen bleiben müssen. 75

1. ***a)*** *Lass dir den Text diktieren. Vergleiche dein Diktat Satz für Satz mit der Textvorlage, unterstreiche deine Fehler und kennzeichne sie am Rand. Schreibe diese Wörter nun richtig unter dein Übungsdiktat.*
b) *Suche zu jedem falsch geschriebenen Wort eine Ableitung oder Zusammensetzung.*

2. *In diesem Text geht es um die unterschiedlichen Schreibungen des s-Lauts. Welche Schreibweisen findest du? Markiere die betreffenden Wörter in verschiedenen Farben.*

3. *Trage aus dem Text die Wörter mit s, ss oder ß in folgende Tabelle ein.*

s	ss	ß
organisiert	passt	fleißig
Musik	Klasse	...
...	dass	

4. *Ergänze die Lücken mit s, ss oder ß. Schlage, wenn du unsicher bist, im Wörterbuch nach. Überlege bei den Verben, wie der Wortstamm heißt, indem du den Infinitiv bildest.*

du wei<u>ß</u>t – wi<u>ss</u>en

a) du wei–t es genau, er la– das Buch, man wie– uns den Weg, ich verga– zu fragen, wir wi–en es, sie la–en grü–en, er lä–t es zu, ihr fa–t es nicht an

b) mei–tens, Wei–ung, Ergebni–, intere–ant, Mi–trauen, Karu–ell, pa–ieren, Spa–, me–en, Ma–, er mi–t, verrei–en, zerrei–en, stet–

5. *Wiederhole die Regel zur Schreibweise von „das" und „dass". Mit welcher Probe kannst du überprüfen, ob „das" oder „dass" geschrieben wird?*

6. *Bilde jeweils zwei Sätze mit*

a) *„das" als Artikel, als Demonstrativpronomen und als Relativpronomen,*

b) *„dass" und „sodass" als Konjunktion.*

7. *Diktiere deinem Banknachbarn den folgenden Text. Kontrolliert anschließend gemeinsam, ob ihr „das" und „dass" richtig geschrieben habt.*

Ergänze beim Diktieren die Lücken.

Da– mit dem Da– und Da– ist doch gar nicht so schwer. Jedes Kind weiß, da– es dafür eine „Eselsbrücke" gibt. Da– als Artikel schreibt man mit –. Auch da– Relativpronomen und da– Demonstrativpronomen wird mit – geschrieben. Anders ist es bei der Konjunktion da–. Ist da– nicht einfach?

8. *Erzähle, wie eine Faschingsfeier an deiner Schule abläuft. Verwende in deinem Text möglichst viele „das" und „dass".*

Eine Leseratte

Meine Schwester ist eine echte Leseratte. | Am liebsten liest sie Gruselgeschichten, | die so richtig spannend sein müssen. | Auch Kriminalgeschichten dürfen es sein, | es muss nur stets etwas passieren. | Sie leiht sich zwar auch Kassetten mit Hörspielen aus, | aber hauptsächlich interessiert sie sich für Bücher. | Abenteuergeschichten liest sie bloß dann, | wenn sie einigermaßen glaubhaft sind; | da lässt sie nicht mit sich spaßen. | Ein Buch, das ihr lesenswert erscheint, | hat sie gewiss schnell verschlungen. | Während der Lektüre ist Katja meist so gefesselt, | dass sie die Welt um sich herum ganz vergisst. | Über ihren riesigen Bücherschatz | hat sie sogar eine Hitliste angelegt. |

Ich finde allerdings, | dass Bücher vorzüglich dazu geeignet sind, | um Pflanzen zu pressen. | Leider wurde Katja bereits nach meinem ersten heimlichen Versuch böse. | Sie hat sofort messerscharf geschlossen, | dass der Täter in der eigenen Familie gesucht werden muss. 137

Auf dem Volksfest

Es ist wieder einmal so weit: | Durch verstopfte Straßen und enge Gassen | drängen die Menschen zur Festwiese. | Schon von weitem grüßt das Riesenrad die Besucher. | Am Eingang preist ein Marktschreier seine Blumensträuße und Topfpflanzen an, | gleich daneben verkauft ein Mann im weißen Kittel Glückslose. | Auf dem Boden liegt massenhaft das zerknüllte Papier von Nieten herum. | Treffsichere Schützen zielen mit Bällen nach aufgestapelten Blechdosen | und versuchen, sie mit den Wurfgeschossen herunterzustoßen. | Aus dem Geisterschloss wanken einige mit ziemlich blassem Gesicht heraus; | das ist gewiss nichts für Angsthasen! | Eltern drängeln mit ihren Kindern zu den Kassen des Kettenkarrussells. | 96

Über allem liegt der unwiderstehliche Duft | von allerlei Süßigkeiten. | Genussvoll beißen Kinder und Erwachsene in ihre Bratwurstsemmel. | In einem großen Kupferkessel rührt ein kräftiger Mann | mit einem Riesenlöffel eine Soße an. | Neben der Schießbude | schneidet eine Frau hauchdünne Scheiben | von großen Käselaiben. | Nicht einmal durch einen Regenguss | lassen sich die Besucher ihre gute Laune verderben. | Die meisten suchen Schutz im Festzelt, | das am äußersten Ende des Festplatzes steht, | und lassen es sich bei Fleisch am Spieß | und einem Glas Bier gut gehen. | Eine Blaskapelle spielt dazu bekannte Volksweisen. 88

Mumien

Die ältesten Mumien stammen aus Ägypten und sind etwa 2500 Jahre alt. Die alten Ägypter glaubten an ein Leben nach dem Tod. Sie nahmen an, dass die Seele nach dem Verlassen des Körpers vor dem Totengott erscheinen müsse. Dort fand nach ihrem Glauben ein Gericht statt: Das Herz wurde auf eine Waagschale gelegt und mit einer Feder aufgewogen. Senkte sich die Waagschale nicht, so verdiente der Tote das ewige Leben. Nach der Verkündung des Urteils durfte die Seele in den Körper zurückkehren.

Um die Verwesung des Leichnams zu verhindern, wurde der Tote einbalsamiert. | Die Einbalsamierer entfernten die Eingeweide | und legten die Leiche siebzig Tage lang in eine Natronlauge. | Dann wurde sie sorgfältig gewaschen | und mit meterlangen Leinenstreifen umwickelt. | Amulette, die zwischen die Schichten der Leinenbinden gesteckt wurden, | sollten böse Geister abwehren. | Schließlich wurde die Mumie mit Harz bestrichen. |
Den Toten einzusargen und zu bestatten, | war die Aufgabe der Angehörigen. | Die Mumien der reichen Ägypter wurden zunächst in kunstvoll bemalte Innensärge | und dann in einen Steinsarkophag gelegt. | Die Eingeweide wurden in Tonkrügen bestattet. 90

Tafel: Ägypten, Amulett, Sarkophag

1. ***a)*** *Korrigiere das Diktat deines Banknachbarn sorgfältig und streiche an, was dir falsch erscheint. Vermerke den Fehler auch am Rand. Schlage im Wörterbuch nach, wenn du nicht sicher bist.*
b) *Übertrage die Wörter, die du falsch geschrieben hast, in richtiger Schreibweise in deine Fehlerkartei.*

2. *Wiederhole: Woran erkennt man ein Nomen? Welche Begleiter des Nomens sind dir bekannt?*

3. *Übertrage die Tabelle in dein Heft und ergänze sie mit zehn weiteren Nomen und ihren Begleitern aus dem Diktat.*

Artikel	Nomen	Genus	Numerus
die	Verwesung	Femininum	Singular
des	Leichnams	Maskulinum	Singular
...	...	...	...

4. ***a)*** *Welches Genus haben die folgenden Nomen? Setze den bestimmten Artikel davor. Schlage, wenn du unsicher bist, im Wörterbuch nach. Beachte, dass manche dieser Nomen zwei verschiedene Genera haben können.*
Radio, Bonbon, Butter, Hobby, Schi, Skizze, Ballett, Lasso, Monitor, Liter, Tunnel
b) *Verwende jedes Nomen in einem Satz.*

5. *Die Bedeutung mancher Nomen kann man nur an ihrem Genus erkennen.*
der Band – das Band
der Flur – die Flur
der Heide – die Heide
der Junge – das Junge
der Leiter – die Leiter
die Mark – das Mark
die Steuer – das Steuer
der Tau – das Tau
der Tor – das Tor
Erkläre die unterschiedliche Bedeutung der Wörter, indem du mit jedem Nomen einen Satz bildest.
Ein Lexikon kann viele Bände haben.
Ich verschnüre mein Geschenk mit einem blauen Band.
usw.

6. *Bilde von folgenden Nomen den Plural und dekliniere sie.*
Wald, Tal, Baum, Fuß, Schloss
Welche Veränderungen stellst du fest?

7. *Zerlege die Wörterschlange in ihre Bestandteile.*
STUTEPFERDESTALLSATTELHUFEISENKOPPELLEINEHENGST-SCHWEIFFOHLENMÄHNE
Schreibe mit Hilfe dieser Nomen eine Erlebniserzählung.

Pech gehabt!

Zu den Sportveranstaltungen an unserer Schule gehört auch der Crosslauf, | an dem die Schülerinnen und Schüler der siebten und achten Klassen teilnehmen müssen. | Die meisten laufen die Strecke mit Leichtigkeit und ohne jede Anstrengung. | Daniel hat jedoch damit seine Schwierigkeiten | und die schlechte Zeit verdirbt ihm jedes Mal seine Sportzensur. | 50

Diesmal hatte er sich einen Plan ausgedacht und Jonas überredet, | ihm dabei aus Freundschaft zu helfen. | Jonas sollte mit seinem Moped im Wald auf Daniel warten. | Die beste Gelegenheit, auf den Sozius zu steigen | und sich bis kurz vors Ziel fahren zu lassen, | war die Kreuzung knapp hinter der Schonung. | Jedes Ärgernis wäre ausgeschlossen, | denn keiner würde etwas merken. | Bei der momentan herrschenden Trockenheit | gäbe es auch überhaupt keine Spuren. |
Die Angelegenheit klappte bestens. | Daniel gehörte zu den Ersten im Ziel. | Leider hatten seine Klassenkameraden doch etwas gemerkt | und für seinen Erfindungsreichtum wenig Verständnis. | Sie erzählten dem Sportlehrer voll Empörung von Daniels Trick. 103

Tafel: Crosslauf, Sozius

1. *Wiederhole mit Hilfe deines Sprachbuchs oder eines Wörterbuchs,*
   – *was man unter „Suffix" versteht,*
   – *welche Suffixe bei Nomen angefügt werden können.*

2. ***a)*** *Unterstreiche die Suffixe im Text und trage anschließend die betreffenden Wörter in die folgende Liste ein.*
   -heit: Gelegenheit, …
   -keit: Leichtigkeit, …
   -nis: …
   -schaft: …
   -tum: …
   -ung: …
   b) *Ergänze die Liste mit weiteren Beispielen.*

3. *Bilde aus folgenden Adjektiven und Verben und aus den Suffixen der Liste von Aufgabe 2 so viele Nomen wie möglich.*
reich, falsch, nüchtern, schlecht, anständig, sicher, verwandt, krank, gesund, bereit
achten, hoffen, haften, bewundern, erlauben, hindern, zeugen, sichern, wissen
Achtung! Mitunter werden nur Wortstamm und Suffix zusammengesetzt, manchmal wird zusätzlich noch eine weitere Nachsilbe dazwischengesetzt (schlecht + ig + keit = Schlechtigkeit).

4. ***a)*** *Wiederhole, welche Suffixe es für Adjektive gibt.*
b) *Bilde mit diesen Suffixen, wenn es möglich ist, Ableitungen zu den Wörtern der Übung 3. Denke im Einzelfall auch an einen möglichen Umlaut.*
-lich: reich – reichlich, falsch – fälschlich, ...

5. *Wie heißen die Adjektive zu den Nomen?*
Kind, Wind, Wunder, Zank, Ärger, Ehre, Freund, Sonne, Regen, Gefahr
Schreibe die Adjektive auf und unterstreiche die Suffixe.
kindlich, kindisch; ...

6. *Wähle aus der Lösung von Aufgabe 3 fünf Nomen mit Suffixen aus und formuliere damit jeweils einen Satz.*
Verfahre ebenso mit fünf Adjektiven aus der Aufgabe 4 b.

7. ***a)*** *Lass dir nun den zweiten Teil des Ausgangstextes von deinem Banknachbarn diktieren. Vergleiche dein Diktat sorgfältig mit der Textvorlage und unterstreiche alle Fehler.*
b) *Schreibe die Wörter, die mit einem Suffix gebildet sind und die du falsch geschrieben hast, in deine Fehlerkartei. Schreibe jeweils zwei weitere Wörter mit demselben Suffix daneben.*

Der Untergang der Titanic

Trotz wiederholter Warnungen vor Eisbergen | verringerte die Titanic ihre Fahrt nicht. | Ein leichter Schlag, ein leises Zittern, | das machte den wenigsten Passagieren Angst. | Die Überlebenden berichteten später von einem schrecklichen Kratzen | mit einem Reißen und Schneiden, | als die Titanic auf einen Eisberg auflief. | Das Verschließen der wasserdichten Schotten half nichts: | Der Eisberg hatte ein zehn Meter langes Loch | in den Rumpf des Schiffes gerissen. | Während der Kapitän die Passagiere und die Besatzung antreten ließ und anordnete, | die Rettungsboote flottzumachen, | waren die Stewards mit dem Decken der Frühstückstische | für den nächsten Tag beschäftigt. | 92

Die Besatzung half den Passagieren beim Anlegen der Schwimmwesten | und beim Einsteigen in die Rettungsboote. | Die ersten Boote wurden nur halb besetzt zu Wasser gelassen, | weil die meisten Passagiere annahmen, | dass es an Bord sicherer sei. | Das unaufhaltsame Eindringen des Wassers | brachte das Schiff ins Wanken und ließ Panik ausbrechen. | Als es nach etwa zwei Stunden endgültig im Ozean versank, | hörte man kein Knirschen, | es glitt fast lautlos in die Tiefe. | Danach herrschte Totenstille. 75

Tafel: Titanic, Steward

1. *Diktiert euch den Text gegenseitig und korrigiert ihn anhand der Textvorlage gemeinsam.*

2. ***a)*** *Unterstreiche in deinem Diktat alle Verben, die zu Nomen geworden sind. Schreibe sie zusammen mit ihrem Begleiter heraus.*
   b) *Im Text sind auch ein Adjektiv und ein Partizip Präsens als Nomen verwendet. Nenne sie zusammen mit ihrem Begleiter.*

3. ***a)*** *Bilde Nomen mit folgenden Verben und setze davor einen passenden Begleiter. Achte bei den Attributen auf die richtige Endung.*
   einkaufen, lesen, sprechen, lernen, mitnehmen, lachen, üben, fahren
   beim, laut, durch, täglich, zum, schnelles, ständig, ohne
   b) *Formuliere mit den Wortgruppen Sätze und diktiere sie deinem Nachbarn.*

4. *Kennst du den Ausdruck „die Schotten dicht machen?" Erkläre den Begriff, schlage in einem Wörterbuch nach.*

5. *Übertrage den Text in richtiger Schreibweise in dein Heft. Achte vor allem auf die großgeschriebenen Verben.*
BEIM ESSEN ERZÄHLT ONKEL ALFRED GERNE GESCHICHTEN. ALS ER NOCH ZUR SCHULE GING, WAR SINGEN NICHT SEIN LIEBLINGS-FACH; LESEN, BASTELN UND ZEICHNEN HABEN IHM DAGEGEN SPAß GEMACHT. ABENDS GEHT ER ÖFTER ZUM TANZEN.
WÄHREND OPAS LEIDENSCHAFT DAS SAMMELN VON BRIEFMARKEN IST, HABEN PETRA UND OLIVER FREUDE AM FOTOGRAFIEREN UND FILMEN. IM SOMMER FAHREN SIE ZUM SURFEN NACH ITALIEN. MUTTER HAT LUST AUF WANDERN IN DEN BERGEN, WÄHREND VATER BEIM ANGELN ERHOLUNG VON DER ARBEIT FINDET.

6. *Zerlege die Wörterschlange in ihre Bestandteile.*
REDENISTSILBERUNDSCHWEIGENISTGOLD

7. *Teile deiner Freundin/deinem Freund in einem Brief das Rezept deines Lieblingskuchens mit und verwende dabei einige der folgenden Verben als Nomen:*
abmessen, abwiegen, backen, rühren, mischen, hineingießen, quellen, einfüllen, hinzufügen, unterheben, erkalten, abkühlen

8. *Auf dem Grund der Meere liegen Wracks aus vielen Jahrhunderten. Darüber gibt es spannende Abenteuerbücher. Kennst du eines? Suche in deiner Stadt- oder Kreisbibliothek nach weiteren Abenteuergeschichten. Stelle sie in der Klasse vor.*

Ferien auf Kuba

Nach den Ferien haben sich Christian und seine Freunde viel Neues zu erzählen. | Die Pausen sind zum Reden viel zu kurz, | deshalb wird ausnahmsweise die erste Deutschstunde | mit Erlaubnis des Lehrers zum Berichten genutzt. |
Christian war im Urlaub auf Kuba | und hat dort erste Versuche im Tauchen unternommen. | Er ist ganz begeistert über seinen Juniortauchschein. | Mit dem Tauchlehrer hat er in zehn Meter Tiefe | Korallenriffe und farbenprächtige Fische gesehen, auch einen Hai, | aber zum Glück nur aus weiter Ferne. | Zwischen Riff und Strand konnte man in den Lagunen prima schwimmen. | Auch sonst gab es allerlei Interessantes zu betrachten und zu erleben. | Bei Fahrten über Land sahen sie beim Ernten von Zuckerrohr und Tabak zu. | In einer Zigarrenfabrik beobachteten sie Arbeiterinnen beim Herstellen von Zigarren. | Auch Kokosnüsse hat Christian gepflückt. | Eine wäre ihm beinahe auf den Kopf gefallen. | Das hätte ihm bestimmt eine Beule, | wenn nicht viel Schlimmeres eingebracht. 148

1. *Unterstreiche im Text alle nominalisierten Verben und Adjektive, trage sie in die Tabelle ein.*

nominalisierte Verben	nominalisierte Adjektive
zum Reden	viel Neues
...	...

2. *Beantworte folgende Fragen mit Hilfe deines Sprachbuchs oder eines Wörterverzeichnisses.*

a) *Wann wird im Deutschen großgeschrieben?*

b) *Woran erkennst du Nomen?*

c) *Informiere dich über den substantivischen Gebrauch anderer Wortarten, besonders der Adjektive und der Verben.*

3. *Begründe die Großschreibung der unterstrichenen Wörter.*

Im Märchen siegt immer das Gute. Meine Oma ist eine Meisterin im Erzählen. Mit Erstaunen stellen wir fest, wie viele Geschichten sie kennt. Ihr fällt immer wieder etwas Neues ein. Besonders aus ihrer Jugend berichtet sie viel Interessantes. Anders als im Märchen gab es in ihrem Leben nicht nur Schönes.

4. *Bilde mit den unbestimmten Zahladjektiven und den Adjektiven Wortgruppen wie im Beispiel.*
viel Gutes, ...
a) viel, alles, nichts, etwas, manches, allerlei, mancherlei
b) gut, interessant, wichtig, schön, neu, schlecht, gesund, nebensächlich, ähnlich, ungewöhnlich

5. *Verfahre mit den Präpositionen + Artikel und den Verben wie oben.*
durch Üben, ...
a) am, beim, durch, mit, im, zum
b) lesen, schreiben, üben, erstaunen, lachen, rechnen, fliegen

6. *Ergänze die Wortgruppen mit geeigneten Verben, achte auf die richtige Schreibweise.*

ein Stift zum ...	ein Stuhl zum ...
ein Buch ...	ein Besteck ...
ein Messer ...	eine Nadel ...
eine Säge ...	ein Hotel ...
ein Ball ...	eine Geschichte ...

7. ***a)*** *Übertrage die Wörter in Großbuchstaben in normale Schreibung.*
Christian war zwar MÜDE, aber er kam trotzdem nicht zur RUHE. Wie würde das sein mit dem FLIEGEN? Er hatte schon mancherlei INTERESSANTES darüber gehört und gelesen. Angst hatte er nicht, aber etwas AUFGEREGT war er schon. Beim BETRACHTEN von Landkarten hatte er sich auch über die verschiedenen Flugrouten informiert. Es war schon ERSTAUNLICH, in welch kurzen Zeiten man heute in weite FERNEN REISEN konnte.
b) *Begründe, warum du manche Wörter groß-, andere kleingeschrieben hast.*

8. ***a)*** *Schreibe einen Text mit dem Wortmaterial der Übungen 4 und 5. Verwende wenigstens fünf der dort genannten Beispiele.*
Themen deines Textes könnten sein
- *euer Sportfest*
- *die Teilnahme an einem Vorlese- oder Aufsatzwettbewerb*
- *eine Unterschriftenkampagne für ein Tierheim u. Ä.*

b) *Diktiere anschließend den Text deinem Banknachbarn.*

Klasse 6 c in Aktion

Die Klasse 6 c ist eine ganz aktive Klasse, | in der auch außerhalb der Schule immer etwas los ist. | Neulich hingen in der Schule bunte Plakate aus mit folgendem Text: |
Liebe Lehrerinnen und Lehrer, | liebe Mitschülerinnen und Mitschüler der sechsten Klassen, | wir möchten Sie und euch zu einem Sportfest einladen, | und zwar am Nachmittag vor Christi Himmelfahrt. |
Sie, liebe Lehrerinnen und Lehrer, | bitten wir um Ihre Hilfe bei der Aufsicht am Nachmittag | und um gute Ideen für Spiele und Wettkämpfe. | Wir danken Ihnen schon heute für Ihre Bemühungen. |
Und ihr, liebe Mitschülerinnen und Mitschüler, | sprecht bitte mit euren Eltern, | mit Verwandten und Bekannten. | Fragt sie, ob sie uns mit kleinen Spenden für unsere Tombola unterstützen | oder ob sie etwas zu unserem Picknick beisteuern möchten. | Jeder ist angesprochen, | wir brauchen euch und eure Hilfe. |
Meldet euch bei Mark, Josefine, Steven und Marion aus der 6 c. 143

1. *Wiederhole die Regeln zur Schreibung von Anredepronomen.*

2. *Lies den Text vor und begründe die Groß- bzw. Kleinschreibung der Anredepronomen.*

3. *Trage aus dem Text die entsprechenden Anredepronomen in die Tabelle ein und unterstreiche sie.*

Höflichkeitsformen	vertrauliche Anreden
wir möchten Sie einladen	wir möchten euch einladen
...	...

4. *Dekliniere die Personalpronomen du, sie, ihr. Wie heißen die richtigen Formen?*
Formuliere mit jedem deklinierten Anredepronomen eine Frage und achte dabei auf die Groß- und Kleinschreibung. Unterstreiche die vertrauliche und die höfliche Anrede in verschiedenen Farben.
Hast du dein Fahrrad mitgebracht? ...

5. *Schreibe die folgenden Texte ab und setze die Anredepronomen in der richtigen Schreibung ein.*

Wir begrüßen S/sie ganz herzlich. Wir wünschen I/ihnen alles Gute. Besuchen S/sie uns bald wieder. Hoffentlich hat es I/ihnen bei uns gefallen.

Lieber Ulf, kannst D/du morgen zu mir kommen? Bringe bitte D/deine Aufzeichnungen aus dem Unterricht mit. Ich bin krank und kann leider nicht zu D/dir kommen.

Liebe Frau Müller, S/sie haben gestern bei uns ihren Regenschirm liegen gelassen. Vielleicht haben S/sie I/ihn schon vermisst. Michael wird I/ihn morgen Nachmittag bei I/ihnen abgeben, sobald er I/ihren Sohn zum Schwimmen abholt.

Mit freundlichen Grüßen, I/ihre Christina Klein

6. *Unterscheide Personalpronomen und Possessivpronomen. Trage sie aus den Texten von Aufgabe 5 in die Tabelle ein.*

Personalpronomen	Possessivpronomen
Sie	deine
...	...

7. *Schreibe einen Brief aus dem Urlaub an deine Eltern, Großeltern oder an deine Freunde. Du kannst auch an deine(n) erkrankte(n) Klassenlehrer(in) schreiben und berichten, was sich in der Schule in der Zwischenzeit ereignet hat.*
Verwende die richtigen Anredewörter.

8. *Welche Ideen für Spiele und Wettkämpfe könntest du der Klasse 6c vorschlagen?*

Hannas Woche

Erst gestern Morgen hat Hanna mir von ihrem Wochenablauf berichtet. | „Meine Mutter weckt mich morgens schon sehr früh, | damit wir noch zusammen frühstücken können. | Ich esse nur wenig, | weil ich am Morgen noch gar keinen richtigen Hunger habe. | Anschließend gehe ich zur Schule. | Der Unterricht am Vormittag dauert bis halb zwei. | Am Montag habe ich nachmittags Geigenunterricht, | donnerstagnachmittags gehe ich zum Tanzen. | Am Freitagnachmittag bin ich immer bis in die Abendstunden bei Oma. | Am Wochenende ist zum Glück unterrichtsfrei. | Samstag früh faulenzen wir und sonntags ist Familientag: | Am Morgen gibt es ein großes Frühstück, | nachmittags machen wir einen Ausflug. | Bei gutem Wetter radeln wir manchmal bis zum Abend am Fluss entlang. | Danach schlafe ich nachts immer wie ein Stein bis zum Montagmorgen.“ 122

1. *Lies den Text aufmerksam und unterstreiche alle Zeitangaben, einzelne Wörter und auch Wortgruppen.*

2. *Wiederhole, was du über die Adverbialbestimmungen gelernt hast. Woraus können Adverbiale bestehen? Wie fragt man nach der Adverbialbestimmung der Zeit? Welche Präpositionen drücken ein Zeitverhältnis aus?*

3. *Trage die Zeitangaben aus dem Text nach einzelnen Wörtern, Wortgruppen und zusammengesetzten Wörtern getrennt in die Tabelle ein.*

Temporale Adverbialbestimmung		
ein Wort	Wortgruppe	Kompositum
morgens	gestern Morgen	donnerstagnachmittags
…	…	…

4. *Bilde je einen Satz mit den folgenden Präpositionen.*
am, seit, bis, um, nach, während

5. *Entscheide: groß oder klein? Übertrage den Text in dein Heft und schreibe die Zeitangaben richtig.*

Liebe Sabrina, es wird dich sicher interessieren, wie die ersten Tage in der Jugendherberge verlaufen sind.

Gleich nach unserer Ankunft am MONTAGNACHMITTAG bezogen wir unsere Zimmer. Die anderen Gruppen lernten wir ABENDS kennen. DIENSTAG FRÜH brachen wir zeitig zu unserer ersten Bergtour auf. Wie geplant erreichten wir MITTAGS den Gipfel, wo wir eine große Pause einlegten. Der Abstieg war anstrengender als erwartet und viele glaubten, dass wir erst NACHTS nach Hause kämen. Wir schafften es aber dann doch bis zum ABEND. Diese NACHT mussten die Lehrer ausnahmsweise nicht über Lärm klagen. Am MITTWOCH konnten wir VORMITTAGS eine Stofftasche mit Gräsern bedrucken. Der MITTWOCHNACHMITTAG stand zur freien Verfügung und so schlossen wir Bekanntschaft mit einer Klasse aus Berlin. Für die SPÄTEN ABENDSTUNDEN war eine Nachtwanderung geplant, die wir zusammen mit den neuen Freunden machen durften. Das war ein Spaß – obwohl manche schon ein bisschen Angst hatten.

Das war GESTERN, und HEUTE habe ich endlich Zeit, dir einen Brief zu schreiben. Leider weiß ich noch nicht, was für HEUTE NACHMITTAG und für MORGEN geplant ist. Ich bin sehr gespannt. Jedenfalls freue ich mich schon, dich SAMSTAGVORMITTAG wieder zu sehen.

Bis bald, deine Elisabeth

6. *Schreibe den Wetterbericht für die ganze Woche weiter und verwende dabei einige der Zeitangaben aus den Aufgaben 3 und 5.*

Ein dunkles Wolkenband liegt über dem Atlantik, das morgen bis zur Nordsee vordringen wird. Deswegen werden für Montag in ganz Deutschland Regenfälle erwartet. Ab Dienstagmittag wird es aufhellen, nachmittags können sogar im Südwesten einige Sonnenstrahlen zum Vorschein kommen ...

Ohne Fleiß kein Preis

Am Mittwoch ist unser großer Tag, | da wollen wir die Handballmannschaften aus dem Kreis besiegen. | Jeden Tag haben wir trainiert: | gestern, vorgestern, am Wochenende, | täglich in den letzten Wochen. |
Manchmal trafen wir uns am Nachmittag, manchmal erst abends, | je nachdem, wie wir Zeit hatten. | Üblicherweise gehen wir zweimal in der Woche zum Training, | am Donnerstag und sonnabends. | Am Sonntagnachmittag fahren wir manchmal zu Freundschaftsspielen. | Aber in der letzten Zeit war das Training wichtiger als alles andere. | Oft saß ich dann spät am Abend über meinen Hausaufgaben | und meine Eltern befürchteten schon, die Schule käme zu kurz. | Hoffentlich werden wir morgen Sieger. | Der Wettkampf beginnt ganz früh. | Die Vorentscheidungen werden gegen Mittag abgeschlossen sein, | nachmittags findet das Endspiel statt. |
Am Abend wollen Sieger und Verlierer ein bisschen feiern. 127

1. ***a)*** *Lies das Diktat deines Banknachbarn sorgfältig durch und korrigiere, was dir falsch erscheint. Unterstreiche das falsch geschriebene Wort und markiere den Fehler am Rand. Nutze bei Unsicherheiten ein Wörterbuch.*
   b) *Verbessere die Wörter, die du falsch geschrieben hast, in der Fehlerkartei und formuliere dazu jeweils einen Satz.*

2. *Unterstreiche in deinem Diktat alle Zeitangaben: die kleingeschriebenen mit einer Wellenlinie, die großgeschriebenen mit einer geraden Linie.*

3. *Trage diese markierten Zeitangaben aus deinem Diktat in die Tabelle ein.*

Zeitadverbien	Substantive, die eine Zeit angeben
morgen	jeden Tag
...	...

4. *Erarbeite mit Hilfe deines Sprachbuchs oder von Nachschlagewerken die Regeln zur Groß- und Kleinschreibung von Zeitangaben.*

5. *Bilde Ableitungen, Wortgruppen, Zusammensetzungen.*
Abend – Abende, am Abend, Dienstagabend, ...
früh – frühmorgens, ...
Nachmittag – ...

6. *Setze in die Lücken geeignete Zeitangaben ein. Überlege, ob du sie groß- oder kleinschreiben musst.*
Am ersten Ferientag wollte ich zunächst –?– aufstehen. Ich hatte mich nämlich erst für –?– mit meinen Freunden zum Schwimmen verabredet. Aber dann klingelte in aller –?– das Telefon. Da meine Eltern nicht da waren, sie waren –?– für zwei Tage zu meinen Großeltern gefahren, musste ich doch aufstehen. Es hatte sich nur jemand verwählt.

7. ***a)*** *Schreibe einen Übungstext, in dem du einige der folgenden Wörter und Wortgruppen verwendest.*
spät abends, in der Nacht, Sonntagnacht, morgen Nacht, Montagmorgen, heute Morgen, bis morgen, eines Morgens
Bei deinem Text könnte es sich um Tagebuchaufzeichnungen, den Ablauf eines Schul- oder Ferienlagers oder um einen Tag im Schullandheim handeln.
b) *Diktiere deinen Übungstext als Partnerdiktat deinem Banknachbarn. Kontrolliert dann gemeinsam, ob die Rechtschreibung in Ordnung ist. Nutzt dazu ein Wörterbuch.*

8. *Kennt ihr andere Sprichwörter als das in der Diktatüberschrift verwendete? Welche fallen euch ein? Schreibt sie auf.*
Was haltet ihr von diesen Sprichwörtern?

Reiseziele

Reist ihr gern? | Fahrt ihr mit der Bahn, dem Bus | oder nehmt ihr lieber das Flugzeug? | Ihr meint, es kommt darauf an, wohin man reisen möchte? | Das ist sicher richtig. | Wer in Deutschland in Urlaub fährt, | vielleicht nach Bayern, in den Schwarzwald oder in den Thüringer Wald, | der muss nicht fliegen. |
Auch an die Ostsee oder zu den Friesischen Inseln | gelangt man leicht mit der Bahn oder dem Auto. | Die beliebtesten Reiseziele der Deutschen | liegen aber an der spanischen Mittelmeerküste oder auf Mallorca. | Achtzehn von hundert Bundesbürgern zieht es jährlich dorthin. |
Ein anderes beliebtes Reiseziel ist die Türkei | mit ihren Sandstränden und den historischen Sehenswürdigkeiten. | Auch die griechischen Inseln Kreta und Rhodos | bieten Urlaubswetter, warmes Meerwasser und klassische Kultur. 119

Tafel: Mallorca, Kreta, Rhodos

1. *Schreibe die Ortsangaben bzw. die geografischen Namen aus dem Text heraus. Ordne sie nach Wort und Wortgruppe in die folgende Tabelle ein. (Lass in deiner Tabelle noch Platz frei für die Lösungen der Aufgaben 3, 4 und 5.)*

Wort	Wortgruppe	
	Eigenname	Attribut + Nomen
Deutschland	Thüringer Wald	griechische Inseln
...	...	...

2. *Wiederhole die Regeln zur Schreibung von geografischen Namen mit Hilfe deines Sprachbuchs oder eines Wörterbuchs.*

3. *Sammle zu den Regeln weitere Beispiele, schlage in einem Atlas nach.*
   Sicher kennst du Spezialitäten wie zum Beispiel den Schweizer Käse. Trage sie in die Tabelle von Aufgabe 1 ein.

4. *Entscheide dich richtig. Trage die richtig geschriebenen Wörter in deine Tabelle ein.*

B/bayerischer Wald
A/atlantischer Ozean
S/sächsische Mundart
die G/großen Seen in Nordamerika
R/rheinisches Schiefergebirge
I/italienische Schuhe
R/rotes Meer
K/karibische Inseln
A/argentinisches Rindfleisch
H/hessisches Bergland

5. Von Deutschland nach Europa

Deutschland liegt mitten in Europa. Es ist ein Transitland, dessen Straßen-, Schienen-, Luft- und Wasserwege es mit allen Ländern des Kontinents bestens verbindet. Auf der Autobahn 4 erreicht man zum Beispiel Polen, einen der östlichen deutschen Nachbarn. Über eine weite Strecke stellen Oder und Neiße die Grenze zwischen beiden Ländern dar. Polen und das sich nach Osten anschließende Russland gehören wie auch die baltischen Staaten zum östlichen Europa. Europas Grenze zu Asien bilden das Uralgebirge und die Embaniederung. Dann verläuft die Grenze am Nordrand des Kaspischen Meeres und entlang des Kaukasus zum Schwarzen Meer. Von da aus zieht sie sich durch zwei Meeresengen, den Bosporus und die Dardanellen, bis zum Mittelmeer. An das Mittelmeer grenzen drei Kontinente. – Wie heißt der dritte?

Leicht erreicht man heutzutage auch die Britischen Inseln oder die skandinavischen Länder. Wie das möglich ist, darüber könnt ihr euch im Atlas informieren.

(Emba: Fluss, der am südlichen Ausläufer des Ural entspringt und in das Kaspische Meer mündet.)

a) *Lies den Text und unterstreiche alle geografischen Namen. Warum werden einige der Wortgruppen, die geografische Namen sind, groß- und einige kleingeschrieben?*

b) *Nach welchen Namen und Verkehrsanbindungen wird im Text gefragt? Beantworte die Fragen schriftlich.*

c) *Schreibe die im Text auftretenden geografischen Namen in die Tabelle von Aufgabe 1.*

Eine Stadtbesichtigung

Regensburg ist eine bekannte alte Bischofsstadt in Bayern | und immer einen Besuch wert. | Von weitem grüßen schon die Türme der alten Patrizierhäuser. | Wenn wenig Zeit zur Verfügung steht, | beginnt man am besten mit einem Besuch des Doms. | Dann führt der Weg durch enge Gässchen | zur Steinernen Brücke. | An ihrem Fuß befindet sich die so genannte Wurstkuchl, | die vor 850 Jahren | als Kantine für die Bauarbeiter errichtet worden ist. | Auch heute noch ist hier ein geeigneter Platz, | um eine kleine Pause einzulegen. | 81

Nach ausgiebigem Essen und Trinken | geht es über den Fischmarkt hinauf zum Alten Rathaus, | auf das die Regensburger ganz besonders stolz sind. | Es sieht noch genauso aus wie vor 700 Jahren. | Hier tagte früher der Reichstag, | aber im Keller ist viel Interessanteres zu sehen: | eine mittelalterliche Folterkammer, | die jedem Besucher einen kalten Schauer über den Rücken jagt. | Die Neue Waaggasse verbindet den Rathausplatz mit dem Haidplatz, | der im Mittelalter ein Turnierplatz für die Ritter war. | Unter den Arkaden eines Patrizierturms | ist ein kleines Mäuschen aus Stein versteckt. | Wer das Stadtmäuschen streichelt, | wird wieder einmal nach Regensburg zurückkommen. 97

Tafel: Patrizier, Haidplatz, Arkaden

Kerzen gießen

Sucht ihr noch nach einer Idee für das Schulfest? | Selbst gegossene Kerzen sind sicher bestens zum Verkauf geeignet. | Zum Gießen nehmt ihr am besten alte Kerzenreste. | Ihr braucht noch eine Aluschale, | die zur Hälfte mit Sand gefüllt ist, | und etwas Wasser. | Den Docht dürft ihr beim Vorbereiten der Kerzenherstellung natürlich nicht vergessen. | Gewachste Dochte bekommt ihr in Bastelgeschäften. |

Zum Formen feuchtet ihr den Sand etwas an. | Dann lässt sich leicht eine Mulde hineindrücken, | welche die Form der Kerze bestimmt. | Nach dem Zerkleinern der Kerzenreste | gebt ihr die Wachsbrocken in eine Konservendose | und stellt diese ins Wasserbad. | Achtet beim Erhitzen unbedingt darauf, | dass ihr alle Verunreinigungen entfernt. | Das flüssige Wachs gießt ihr anschließend in die Sandmulde hinein. | Sobald sich während des Abkühlens eine dicke Hautschicht bildet, | steckt ihr einen oder auch mehrere Dochte in das weiche Wachs. | Nach dem vollständigen Erkalten | kann die Kerze herausgenommen werden. 144

Auf die Plätze, fertig, los!

Wie jedes Jahr, | so war auch heuer zum Schuljahresende | ein großes Sportfest geplant. | In aller Frühe versammelte sich die ganze Schule auf dem Sportplatz. | Zunächst erfolgte die Aufgabenverteilung: | Die Großen wurden zum Messen und Auszählen der Punkte abgeordnet, | während die Zeitabnahme den Lehrern selbst vorbehalten blieb. |
Beim Weitsprung hatte ich diesmal überhaupt kein Glück. | Ich schaffte kaum 1,50 Meter. | Der Absprung missglückte | und damit war eine schlechte Landung vorprogrammiert. | Als Ausgleich dafür hatte ich beim Laufen mehr Erfolg. | Beim zweiten Versuch kam ich gut aus den Startlöchern | und konnte so eine hohe Geschwindigkeit erreichen. | Leider ging mir zum Ziel hin etwas die Puste aus, | sodass ich letzten Endes mit meiner eigentlich guten Leistung nur Dritter wurde. | 116

Bei der letzten Disziplin, dem Werfen, | bin ich normalerweise immer am schlechtesten, | Spitzenweiten erreiche ich nie. | Auch dieses Mal habe ich einfach nur ins Blaue hinein geworfen. | Doch zur Überraschung der Umstehenden war der Wurf hoch und weit. | Nach diesem Erfolg legte ich mich ins Grüne | und wartete auf die Bekanntgabe der Ergebnisse. | Bei der Verleihung der Urkunden durfte ich in der ersten Reihe stehen. 65

Eine Reise in den Süden

Endlich sind die großen Ferien da! | Gleich zu Ferienbeginn, am Donnerstagmorgen, | starten wir in den Urlaub nach Italien. | Natürlich gibt es da vieles mitzunehmen: | die Badesachen, aber auch Kleidung für Regenwetter | und etwas zum Ausgehen. | Zum Lesen habe ich mir einen spannenden Krimi ausgeliehen. | Mein kleiner Bruder ist ein ganz Neugieriger, | er will unbedingt wissen, | was ich alles eingepackt habe. | Für ihn sind am wichtigsten Eimer und Schaufel zum Sandburgenbauen. | Mutter ermahnt uns, | nur das Nötigste und Wichtigste mitzunehmen. | Am besten sei es, wenn jeder zur Kontrolle eine Packliste verfasst. | 90

Nun ist es so weit, wir fahren in den Süden. | Das Stillsitzen fällt uns schon nach kurzer Zeit schwer. | Mutter verspricht demjenigen, | der als Erster die Alpen sieht, eine Überraschung. | Da haben wir wieder Spaß an der Fahrt | und schauen aufgeregt aus dem Fenster. | Plötzlich fährt mit lautem Hupen ein Krankenwagen vorbei. | Und schon ruft mein Bruder: | „Da sind sie!“ | Leider hat er Recht: | Ins Blau des Himmels ragen in der Ferne | die schneebedeckten Berggipfel. | An der nächsten Raststätte, | wo es Pizza zum Mitnehmen gibt, | bekommt mein Bruder ein Stück zur Belohnung, | während der Rest der Familie | das Eingepackte von zu Hause isst. 103

Der Meisterstreich

Merlin öffnete das schwere Türschloss der Hexenküche. | Er hatte den ganzen Tag Fischgräten und Krötenfüße, | Eidechsenhäute und Enteneier gekocht, | um daraus einen neuen Zaubertrank herzustellen. | Jetzt war er hungrig und auf der Suche nach etwas Essbarem. | Der Hexenmeister hatte ihm ein Stück Kaninchenbraten versprochen, | auf das er sich schon den ganzen Vormittag freute. | Im Kerzenschein tastete er sich an den vielen Hexenkesseln vorbei, | in denen es brodelte und köchelte. | Endlich sah er das große Ofenrohr, | in dem die Kaninchenkeule liegen musste. | Doch als er die Ofentür öffnete, | fuhr ihm ein Riesenschreck durch den Körper: | Ein schneeweißes Kaninchen saß dort im warmen Innenraum, | knabberte vergnügt an einer Mohrrübe und schaute ihn verwundert an. | Da hatte ihm der Hexenmeister einen wahren Meisterstreich gespielt. 121

1. a) *Lass dir den Text diktieren. Vergleiche ihn dann sorgfältig mit der Vorlage, unterstreiche deine Fehler und vermerke sie am Rand. Schreibe die falsch geschriebenen Wörter in richtiger Schreibweise unter das Diktat.*
b) *Trage die Wörter, deren Schreibung du dir schlecht merken kannst, in deine Fehlerkartei ein.*

2. a) *Markiere im Text alle Komposita, die aus zwei Nomen bestehen, farbig. Trage sie in folgende Tabelle ein.*

Kompositum	Grundwort	Bestimmungswort
Meisterstreich	Streich	Meister
...	...	...

b) *Wiederhole: Wie lautet die Frage nach dem Bestimmungswort? Nach welchem Bestandteil richtet sich das Genus?*
c) *Dekliniere „Fischgräte" und „Krötenfuß" im Singular.*

3. *Suche zu jedem der angegebenen Grundwörter so viele Bestimmungswörter wie möglich.*
Platz, Blatt, See, Blüte, Buch, Topf, Garten
Stadtplatz, ...
usw.

4. *Suche nun zu den angegebenen Bestimmungswörtern jeweils drei Grundwörter.*
Baum, Kerzen, Apfel, Haus, Reise, Schule
Baumkrone, ...
usw.

5. *Bilde Komposita mit den Grundwörtern*
Witwe, Meister, Tablette, Blatt, Griff, Nachmittag, Stab
und den Bestimmungswörtern
- Dampf, Fahrt, Schiff, Donau, Kaptän
- Tonne, Deckel, Müll
- Spüler, Reinigung, Geschirr
- Rose, Blüte, See
- Kapelle, Dirigent, Dom, Meister
- Kränzchen, Kaffee, Damen

6. *Setze den Anfang der folgenden Geschichte fort und verwende dabei einige Komposita.*
Der Hexenmeister Pustekuchen trieb schon lange sein Unwesen in der Zauberburg Schreckenstein. In kalten Winternächten brütete er über neuen Zauberformeln, kochte Hexenpunsch und lockte ahnungslose Wanderer ...

7. *Schreibe ein Silbenrätsel.*
Trenne zunächst alle gesuchten Wörter in einzelne Silben, die du alphabetisch ordnest. Beachte dabei die Regeln der Silbentrennung. Schlage, wenn du nicht sicher bist, in einem Wörterbuch nach. Dann umschreibst du jeden gesuchten Begriff mit einem Satz.
Lebkuchenhaus, Schneewittchensarg, Goldesel, Schatzkiste

8. *Kennst du weitere Geschichten vom Zauberer Merlin? Mache dir Notizen und stelle sie der Klasse vor. Verwende dabei möglichst viele Zusammensetzungen.*

Hoffnung auf den Sieg

Alle aus dem Ort schienen auf den Beinen zu sein. | Keiner aus Gehlberg wollte sich das Wettspringen auf der Jugendschanze entgehen lassen. | Endlich trafen die beiden leistungsstärksten Springer wieder aufeinander. | Im letzten Jahr hatte Gunnar einen leichten Sieg davongetragen. | Sven, sein Kontrahent, war schwer krank gewesen. | Damals wollte Sven nach einem Trainingsspringen den Heimweg abkürzen. | Das blaugrüne Eis vom See sah richtig dick aus. | Sven hatte geglaubt, dass er darüber sicher gehen könnte, | aber er brach ein. | 77

Die Sache wäre schlimm ausgegangen, | wenn sich seine Freunde nicht auf das Eis gelegt hätten, | um ihm einen Schistock hinzuhalten. | Daran konnte Sven sich festklammern. | Trotzdem hatte der Unfall bei dem nasskalten Wetter üble Folgen. | Zwar hatten die Jungen versucht, | Sven warm zu halten, bis der Rettungswagen kam, | aber die Unterkühlung war beträchtlich und hatte eine Lungenentzündung zur Folge. |
Heute würde Sven seine Sache gut machen, | davon waren alle überzeugt. | Aber wer der Sieger sein würde, | darauf wollte sich niemand festlegen. 81

1. *Lies den Text aufmerksam durch. Schlage die unbekannten Wörter in einem Wörterbuch nach.*
   Lies nun den Text ein zweites Mal und achte besonders auf Zusammensetzungen und Wortgruppen. Unterstreiche sie.

2. *Wiederhole die Regeln für die Getrennt- und Zusammenschreibung von Adjektiv + Adjektiv sowie von Adjektiv + Verb. Wann wird die Verbindung Adjektiv + Verb getrennt geschrieben?*

3. *Schreibe aus dem Text Beispiele für Getrennt- und Zusammenschreibung heraus. Überprüfe deine Entscheidung, indem du die Bedeutungs-, Erweiterungs- oder Steigerungsprobe machst.*
   schwer krank – sehr schwer krank
   sicher gehen – sicherer gehen, sehr sicher gehen

4. *Bilde neun zusammengesetzte Adjektive, indem du jeweils ein Wort der oberen und der unteren Zeile miteinander verbindest.*
– dunkel, blass, hell, tief, viel, süß, bitter, feucht, feucht
– fröhlich, rot, schwarz, grün, warm, sauer, gelb, farbig, süß

5. *Formuliere mit jedem zusammengesetzten Adjektiv einen Satz.*
In unserem Garten wachsen dunkelrote Rosen.
usw.

6. *Bilde Zusammensetzungen und Wortgruppen aus einem Adjektiv und einem Verb.*
– frei, gut, schön, leer, richtig, näher, sicher
– machen, färben, laufen, stellen, kommen, schreiben, sprechen, halten, legen, geben, gehen
freisprechen – frei sprechen, ...

7. *Erkläre Bedeutung und Schreibweise durch einen kurzen Satz.*
freisprechen – jemanden von Schuld freisprechen:
Der Richter musste den Angeklagten freisprechen.
frei sprechen – nicht vom Blatt ablesen, sondern frei vortragen:
Der Redner wird vor der Versammlung frei sprechen.
Probe: völlig frei sprechen

8. *Die folgenden Adjektive sind Zusammensetzungen aus Substantiv und Adjektiv. Sie machen einen Aufsatz besonders anschaulich.*
schneeweiß, zuckersüß, rabenschwarz, stocksteif, messerscharf
Zeige, warum das so ist, indem du ihre Bedeutung erklärst wie im Beispiel:
Die Kirschbäume haben im Frühjahr schneeweiße Blüten. – Ihre Blüten sind weiß wie Schnee.

9. *Schreibe einen Aufsatz zu einem der folgenden Themen: „Im Herbst leuchtet die Natur in allen Farben", „Beobachtungen bei einem Gewitter".*

Münchhausen erzählt

Als ich eines Morgens auf der Jagd war, | entdeckte ich etliche Wildenten, | die auf einem See herumschwammen. | Ein Schuss auf eine Ente hätte genügt, | und alle anderen wären davongeflogen. | Das wollte ich lieber bleiben lassen | und daher beschloss ich, einen Köder auszulegen. | Dazu musste ich meine geflochtene Hundeleine auseinander nehmen, | die Teile zu einer langen Schnur zusammenknoten | und an einem Ende ein Stückchen Schinkenspeck festbinden, | das von meinem Frühstück übrig geblieben war. | Alsdann konnte ich die Leine auswerfen. |
Kurz darauf kam eine Ente herbeigeschwommen | und verschlang den Köder. | Bald sah ich Speckbrocken samt Faden | unverdaut an ihrer Rückseite wieder herauskommen. | Auch das nächste Opfer kam herangerudert, | schlang das Speckstückchen hinunter | und so ging es fort, | bis mehrere Enten wie Perlen an der Schnur | an meiner Leine aufgereiht waren. 128

1. ***a)*** *Diktiert euch den Text gegenseitig. Korrigiert das Diktat gemeinsam mit Hilfe der Vorlage. Achtet besonders auf die Wörter, die getrennt bzw. zusammengeschrieben werden.*
b) *Verbessere nun deine Fehler in deiner Fehlerkartei. Lege bei Fehlern in der Getrennt- und Zusammenschreibung eine neue Karte mit einer Tabelle an wie in Aufgabe 2.*
c) *Sprich die Wörter „Köder" und „Köter" deutlich aus und zeige ihre unterschiedliche Bedeutung, indem du mit jedem Nomen einen Satz formulierst.*

2. ***a)*** *Unterstreiche im Text alle Zusammensetzungen aus Adverb und Verb. Übertrage sie anschließend in folgende Tabelle und setze sie dabei in den Infinitiv.*

	Zusammensetzung aus		
Verb	Adverb	+	Verb
herumschwimmen	herum	+	schwimmen
…	…		…

b) *Bilde von den Verben in der Tabelle die 1. Person Singular Präsens und die 1. Person Singular Perfekt. Was stellst du fest?*
c) *Überprüfe, ob du alle zusammengesetzten Verben aus dem Text herausgeschrieben hast.*

3. *Warum werden „bleiben lassen", „übrig bleiben" und „auseinander nehmen" getrennt geschrieben? Bestimme die Wortarten. Schlage in einem Wörterbuch nach.*

4. ***a)*** *Übertrage den Text in dein Heft und schreibe dabei die mit Schrägstrich versehenen Wortgruppen getrennt oder zusammen.*
Nachdem ich die Leine aus dem Wasser heraus/gezogen hatte, wickelte ich sie sechsmal um mich herum. Auf dem Nachhauseweg jedoch wurden die Tiere unruhig und ich musste stehen/bleiben. Sie begannen, mit ihren Flügeln herum/zu/schlagen und mit mir empor/zu/fliegen! Als wir dem Schornstein meines Hauses näher/kamen, drehte ich allen Enten den Hals um, sodass ich durch den Kamin genau auf den Küchenherd hinunter/sank. Glücklicherweise war im Herd noch kein Feuer gemacht, sonst hätte das Abenteuer böse enden können.
b) *Unterstreiche die Verbindungen Adverb + Verb in grüner Farbe, Verb + Verb sowie Adjektiv + Verb dagegen rot.*
c) *Wiederhole: Wann werden Verbindungen von Adjektiv + Verb getrennt geschrieben?*

5. ***a)*** *Formuliere mit den folgenden Verbindungen von Verb + Verb jeweils verschiedene Sätze im Präteritum und im Futur.*
kennen/lernen, fertig/machen, fest/stellen, bekannt/machen, spazieren/gehen, spazieren/fahren, gehen/lassen, stehen/bleiben, schreiben/lernen, sitzen/bleiben, fertig/bringen, stehen/lassen
Beispiel:
Gestern lernte ich meinen neuen Klavierlehrer kennen.
Im Schikurs werden wir eine neue Schwungtechnik kennen lernen.
usw.
b) *Unterstreiche in deinen Sätzen die Wortgruppen aus Verb + Verb rot, wenn sie durch ein Satzglied getrennt sind, und blau, wenn sie nebeneinander stehen. Was stellst du fest?*

6. *Sicher kennst du noch andere Geschichten vom Lügenbaron Münchhausen. Erzähle eine davon. Verwende dabei Wörter und Wortgruppen aus den vorangehenden Übungen.*

Eine Radwanderung

Kerstin, Tina, Jens, Sabine und Peter | wollen in den großen Ferien | eine mehrtägige Radwanderung unternehmen. | Über eine Radwanderkarte gebeugt, | legen sie die Route fest | und machen die Treffpunkte aus. | Sie planen eine Radtour durch die Halbinsel Eiderstedt, | Ziel ist der Westerhever Leuchtturm | am Schleswig-Holsteinischen Wattenmeer. |
Kerstin und Peter wohnen beide Am Schulwald 134 a. | Sie fahren am frühen Dienstagmorgen die Matthias-Claudius-Straße entlang, | biegen in die Brinkmannstraße ein | und sind wenig später in der Theodor-Storm-Straße, | wo Tina auf sie wartet. | Weiter radeln sie nun zum Marienhofweg, | wo Sabine und Jens zu ihnen stoßen. | Zu fünft fahren sie auf die Flensburger Chaussee | und halten sich in westlicher Richtung bis zur Herzog-Adolf-Straße, | die sie bis zum Bahnhof entlangfahren. | 114

Die Regionalbahn bringt die kleine Gruppe bis nach Witzwort. | Als Erstes steht ein Besuch des Heimatmuseums im Roten Haubarg auf dem Programm. | Der Weg ist nicht weit, die Strecke eben | und eignet sich daher gut zum Einfahren. | Nach der Frühstückspause geht es am frühen Vormittag | durch den Norderfriedrichskoog immer die Küste entlang, | wo sie bald auf eine Landgaststätte treffen. | Hier sammeln sie Kräfte für den Nachmittag, | an dem sie die Gardinger Mühle erreichen wollen. | Bevor die fünf Radler bei Tinas Tante eintreffen, | wo sie über Nacht bleiben wollen, | machen sie noch einen Abstecher zur nahe gelegenen Alten Mühle. 98

Tafel: Eiderstedt, Westerhever, Chaussee, Witzwort, Haubarg, Norderfriedrichskoog, Garding

***1. a)** Diktiert euch den Text gegenseitig und korrigiert ihn gemeinsam mit Hilfe der Vorlage. Verbessert eure Fehler und schreibt diese Wörter richtig unter das Diktat.*
***b)** Lege in deiner Fehlerkartei eine neue Karteikarte an für die Fehlerquelle „Getrennt- und Zusammenschreibung: Straßen- und Eigennamen". Gliedere sie so, wie in Aufgabe 3 vorgegeben.*

***2.** Erkläre die Begriffe „Haubarg" und „Koog". Frage deine/n Erdkundelehrer/in oder schlage in einem Wörterbuch nach.*

3. *Unterstreiche im Text alle Straßennamen rot. Schreibe sie heraus und ordne sie der jeweiligen Rubrik zu.*
- zusammengesetzte Namen
- Ableitungen auf -er
- Wortgruppen
- Namen mit Bindestrichen

4. *Notiere die Namen aller Schulen, die deine Verwandten, Freunde und Bekannten besuchen. Erkundige dich nach der genauen Schreibweise und begründe diese.*

5. *Hast du schon ein Adressbuch? Trage die Adressen deiner Verwandten, Freunde und Bekannten nach dem Anfangsbuchstaben ihrer Nachnamen in dein Adressbuch ein. Achte dabei ganz besonders auf die Schreibweise der Eigen- und Straßennamen.*

6. ***a)*** *Zeichne eine Skizze von deinem Schulweg und gib darin die wichtigsten Straßennamen und Plätze an. Verfasse anhand deiner Skizze eine Wegbeschreibung und weise auf besondere Gefahrenpunkte, auf Ampeln und Fußgängerüberwege hin.*
b) *Diktiere deine Wegbeschreibung deinem Banknachbarn. Korrigiert sie gemeinsam.*

7. *Wisst ihr schon, was ihr am nächsten Wandertag machen wollt? Ihr könntet zum Beispiel in die nächstgelegene größere Stadt fahren und dort den Zoo besuchen oder eine andere Sehenswürdigkeit besichtigen. – Besorgt euch einen Stadtplan, stellt eine Besichtigungstour zusammen und beschreibt den Weg.*

8. *Auf der Halbinsel Eiderstedt gibt es technische Meisterwerke: das Eidersperrwerk und den Westerhever Leuchtturm.*
Informiert euch, wann und warum sie gebaut wurden, wozu sie dienen und wie sie funktionieren.
Wenn ihr schon einmal an der Nord- oder Ostsee in Urlaub wart, könnt ihr euren Mitschülerinnen und Mitschülern Fotos von diesen Bauwerken mitbringen und sie in der Klasse aushängen.

Woher kommen die Namen?

Unsere Klasse wurde mit Schuljahresbeginn neu zusammengestellt. | Viele Mitschülerinnen und Mitschüler kommen aus den umliegenden Dörfern, | zum Beispiel aus Friedrichroda, Hörselgau, | Wandersleben, Schnepfenthal und Langenberg. |
Am ersten Schultag haben wir uns vorgestellt. | Jeder hat gesagt, wie er heißt und wo er wohnt. | Da konnte man seltsame Straßennamen hören, | wie An der Schatztruhe oder An der Roseninsel. | Manche Straßen und Plätze heißen nach bekannten Personen, | etwa Heinrich-Heine-Straße, Herderplatz, | oder nach Städten, zum Beispiel Hamburger Straße. | Warum eine Krumme Gasse so heißt, | kann man sich denken. | Julia Leinweber erklärte uns, | dass in ihrem Dorf alle Leute in der Dorfstraße wohnen. | Ihr Haus liegt gegenüber vom Gasthof Güldener Zopf, | im Dorf gibt es aber auch den Goldenen Hahn. | Max Goldammer erzählte uns, | dass er in einer Mühle wohne, | und zwar in der Oberen Mühle. | Diese alte Windmühle arbeite noch, | sei aber zugleich eine Gaststätte. 141

1. *Lies den Text laut und deutlich vor. Unterstreiche die Orts- und Straßennamen sowie die anderen Namen und trage sie in die Tabelle ein.*

Ortsnamen	Straßennamen	Personen- u. sonstige Namen
Friedrichroda	An der Schatztruhe	Julia Leinweber
...	...	...

2. *Manchmal spricht man von „Eigennamen". Im Text kommen einige vor. Was verstehst du darunter?*
- ***a)*** *Nenne Beispiele – aus dem Text oder aus deiner Umgebung.*
- ***b)*** *Wie werden sie geschrieben?*

3. *Eigennamen können aus nur einem Wort bestehen oder auch aus zwei und mehr Wörtern. Diese können zusammengeschrieben sein (Fontanestraße), mit einem Bindestrich verbunden sein (Eduard-Mörike-Straße) oder eine Wortgruppe bilden (Breite Straße).*

Nimm dein Heft im Querformat und schreibe diesen Tabellenkopf mit sechs Spalten hinein.

ein Wort	zusammen-gesetzte Namen	Ablei-tungen auf -er	Namen mit Attribut	Wort-gruppen	durchge-gekoppelte Namen
Anger	Kaiserstr.	Leipziger Straße	Breite Gasse	Am Hohen Ranken	König-Lud-wig-Allee
...	...	...	...	...	...

4. *Ordne die Namen der Tabelle richtig zu.*
Rotes Rathaus, Tiefe Straße, Heinrich–Heine–Straße, Langer Michel, Berliner Straße, Schwarzer Bär, Lange Gasse, Königsallee, Konrad–Adenauer–Allee, Kompassberg, Krumme Gasse, Lessingplatz, Marktstraße, Richard–Wagner–Ring, An der Roseninsel, Markt

5. *Trage zusätzlich fünf Beispiele aus deinem Heimatort und deiner näheren Umgebung in die Tabelle ein.*

6. *Hast du dir schon einmal überlegt, wie Ortsnamen entstanden sein können?*
a) *Nenne von den folgenden Ortsnamen die Teile der Wortzusammensetzung und versuche zu erklären, was der Name bedeutet und wie er entstanden sein könnte.*
Apfelstädt, Neustadt, Neunkirchen, Neuburg, Amberg, Reinhardsdorf, Finsterwalde, Schönbrunn, Waltershausen, Joachimstal
b) *Sammle Ortsnamen, in denen folgende Bezeichnungen vorkommen. Du kannst auch einen Atlas zu Hilfe nehmen.*
-hausen/-burg/-hof/-dorf/-stadt/-städt/-stedt/-kirchen/-berg/-tal

7. *Schreibe einen kurzen Text, zum Beispiel zum Thema „Namen in meinem Heimatort" oder „Ortsnamen in unserem Kreis" und verwende dabei möglichst viele Namen.*

8. ***a)*** *Diktiert euch eure Übungstexte gegenseitig und korrigiert sie gemeinsam.*
b) *Trage anschließend die Namen, die du falsch geschrieben hast, in richtiger Schreibweise in deine Fehlerkartei ein und füge je zwei weitere Beispiele in gleicher Schreibung hinzu.*

Wochenendeinkauf

Madlen berichtet: | „Wir sind in der Familie zu viert. | Die häuslichen Pflichten sind auf alle Familienmitglieder verteilt. | Karin und ich haben die Einkäufe zu erledigen. | Mutter schreibt sie täglich auf einen Notizzettel. | Während der Woche ist selten viel einzukaufen.“ | 39

Am Montag waren ein halbes Brot, | sieben Brötchen und ein Liter Milch notwendig. | Mittwoch sollten es ein Dutzend Eier, | zwei Kilo Kartoffeln und drei Gurken sein. | Schlimm ist es immer nur am Wochenende. | Da hat Mutter Hunderte von Wünschen, | das behauptet Karin jedenfalls. | Madlen nimmt die Sache leichter. | Sie liest die Liste erst einmal vor: | Zweihundert Gramm Leberwurst, | zehn Scheiben Schinken, | ein viertel Kilo Jagdwurst und anderthalb Kilo Gulasch | sollen beim Fleischer gekauft werden | und für Oma ein Achtel Gehacktes und ein Paar Wiener. | Im Supermarkt ist auch mancherlei zu kaufen. | Vom Markt sollen drei Paprika, ein Kilo Tomaten, | zwei Bund Petersilie und ein Korb Erdbeeren mitgebracht werden. | Dazu kommen noch ein Dreipfundbrot, 20 Semmeln, | eine Kiste Mineralwasser und ein paar Flaschen Limonade. | Das ist diesmal alles. 127

1. *Lies den Text aufmerksam und achte dabei auf die Schreibweise der Mengenangaben und Zahlwörter. Unterstreiche sie.*

2. *Ordne die Mengenangaben der richtigen Rubrik zu:*
bestimmtes Zahlwort: sieben, ...
unbestimmtes Zahlwort: viel, ...
Bruchzahl: ein halbes, ...
Maßeinheiten/Mengenangaben: ein Liter, ein Dutzend, ...

3. *Ordne die Zahlwörter und Mengenangaben, die du aus dem Text herausgeschrieben hast, nach Groß- bzw. Kleinschreibung getrennt in eine Tabelle ein.*

Großschreibung	Kleinschreibung
ein Liter	zu viert
ein Dutzend	viel
...	...

4. *In einem Wörterverzeichnis findest du zum Stichwort „acht" etwa folgende Angaben:*
acht – achtel – das Achtel – der Achtelliter – achten – Achter – achtfach – achtjährig – achtmal – achtprozentig – achtzig
a) *Schreibe die einzelnen Wörter untereinander und gib stichwortartig die Verwendung des Wortes an.*
acht – acht Bücher
achtel – ein achtel Liter Wein
das Achtel – ...
...
b) *Schreibe nach diesem Muster ein Wörterverzeichnis zum Stichwort „drei".*

5. *Groß oder klein – wie ist es richtig?*
Bei meiner Geburtstagsfeier sind wir zu N/neunt. Außer meinen B/beiden Brüdern kommen noch E/etliche Freunde. Die Feier beginnt um D/drei. Wir treffen uns dann am F/fünfzehnten in unserem Garten.

6. *Verfasse selbst eine Rechtschreibübung, indem du einen kurzen Text formulierst und dabei einige der folgenden Wortgruppen verwendest. Du kannst zusätzlich Wörter aus Aufgabe 4 in deinen Text einbauen.*
wir beide, alle beide
einer von beiden
die meisten, jeder Einzelne
mit vielen, nur wenige
vor acht, um acht, die Acht

7. *Früher gebrauchte man auch die Mengenangaben „ein Gros", „ein Schock". Was bedeuten sie? Erkundige dich, schlage in einem Wörterbuch nach. Erkläre jeden Begriff mit einem Satz.*

Wohnstätten für die Ewigkeit

Die Pharaonen waren mächtige Alleinherrscher eines Riesenreiches | beiderseits des Nil. | Sie errichteten sich mit den Pyramiden Grabkammern für die Ewigkeit. | Bei ihrem Bau waren Tausende von Menschen jahrzehntelang beschäftigt. | Steinblöcke mussten auf Barken und Floßen, | die aus Schilfrohrbündeln zusammengeschnürt waren, | von weither auf dem Nil herantransportiert werden. | Die tonnenschweren Steinquader wurden auf Rollen fortbewegt, | über eine Rampe hinaufgezogen | und fugenlos aufeinander geschichtet. | Zur endgültigen Fertigstellung | erfolgte die Verkleidung mit Steinplatten. | So erstrahlten die weißen Steinplatten der Cheopspyramide | weithin im Sonnenlicht. | 80

Im Inneren der Pyramiden | befanden sich die verborgen liegenden Grabkammern. | Der Zugang zu ihnen musste streng geheim bleiben. | Dazu wurden blinde Gänge, | Schächte und Falltüren eingerichtet, | welche die Grabräuber in die Irre führen sollten. | Die Toten wurden gestreckt liegend bestattet, | nicht zusammengekauert, | wie oft in anderen Kulturen, | und mit kostbaren Grabbeigaben ausgestattet. | Dazu gehörten neben wertvollem Schmuck | auch Einrichtungs- und Gebrauchsgegenstände | sowie Tongefäße. | Kleine Nachbildungen von Schiffen sollten als Transportmittel dienen, | Fußsoldaten und Bogenschützen wurden als Schutz | für das Leben nach dem Tode beigegeben. 84

Tafel: Pharao, Cheopspyramide

Kannitverstan

Ein armer Handwerksbursche kam eines Tages auf seiner Wanderschaft | in die große und reiche holländische Handelsstadt Amsterdam. | Er konnte sich nicht satt sehen an den reich geschmückten Häusern, | von denen ihm eines ganz besonders auffiel. | Als er einen Vorübergehenden fragte, | wem dieses Haus wohl gehöre, | bekam er zur Antwort: „Kannitverstan". | Das muss ein steinreicher Mann gewesen sein, dieser Herr Kannitverstan, | dachte der Fremde und kam gedankenversunken zum Hafen. | Hier reihte sich Schiff an Schiff | und auf dem Pier sah er zahllose Kisten und Ballen auf- und nebeneinander stehen. | Nach einer Weile fragte er einen, | der eben eine Kiste aus einem Schiffsbauch heraustrug, | nach dem Namen des Schiffseigners: | „Kannitverstan", bekam er wieder zur Antwort. | 113

Langsam versank er in Schwermut | über den unermesslichen Reichtum des Herrn Kannitverstan | und dachte traurig an seine eigene Armut. | Als er so vor sich hin ging, | sah er einen großen Leichenzug vorüberziehen. | Vier schwarz vermummte Pferde zogen einen ebenfalls schwarz überzogenen Leichenwagen. | Der Fremde zupfte den Letzten im Zug am Ärmel | und erhielt auf seine Frage, wer der Tote wohl sei, | die Antwort: „Kannitverstan". |
Von da an dachte der Handwerksbursche jedes Mal, | wenn es ihm schwer fallen wollte, | dass so viele Leute reich, er aber so arm war, | an Herrn Kannitverstan in Amsterdam: | an sein großes Haus, sein reiches Schiff | und sein enges Grab. 104

Tafel: Pier

Wandern oder fahren?

In der Klassenleiterstunde wird über den Wandertag diskutiert. | Zuerst geht es darum, | ob gewandert, mit dem Bus oder mit der Bahn gefahren werden soll. | Franz, Julia, Nadine und etliche andere haben etwas gegen das Laufen. | Sie wollen, dass ein Bus bestellt wird, | ein schicker, neuer, | einer mit großen Fenstern, Liegesitzen und einer Toilette. | Aber sie werden von der Mehrzahl überstimmt. | Die meisten Kinder wollen tatsächlich wandern, | unterwegs ein tolles Picknick oder | vielleicht ein lustiges Geländespiel machen. | Nun steht das Wanderziel zur Diskussion. | Genannt werden die Mönchshöhe, der Kühle Grund, | das Felsental und auch die Teufelsklippen. | Schließlich einigen sich alle auf die Teufelsklippen. | Bis dorthin sind es nur fünf, sechs, allerhöchstens sieben Kilometer. |
Außerdem kann man dort allerhand spielen: | Verstecken und Fangen, aber auch Tiere sind zu beobachten. | Für ein zünftiges Picknick mit Bratwürsten, Semmeln, | Limonade und Eis sollen die Eltern sorgen. | Das wird bestimmt prima. 146

Tafel: Toilette

1. ***Lies den Text sorgfältig und unterstreiche dabei alle Aufzählungen.***

2. ***Kennzeichne die aufgezählten Wortgruppen zusätzlich durch eine Wellenlinie.***

3. ***Wiederhole: Wann steht bei einer Aufzählung ein Komma, wann nicht? Formuliere einen Merksatz und schreibe ihn in dein Heft.***

4. ***Schreibe aus dem Text alle Sätze mit einer Aufzählung in dein Heft. Bestimme dann die Wortarten der aufgezählten Wörter und Wortgruppen wie im Beispiel.***
Zuerst geht es darum, ob gewandert, mit dem Bus oder mit der Bahn gefahren werden soll.
gewandert: Partizip Perfekt; mit dem Bus: Präposition/Artikel/Nomen; mit der Bahn: Präposition/Artikel/Nomen

5. *Schreibe den folgenden Text ab, setze die Kommas. Bedenke dabei, dass du manchmal statt eines Kommas die Konjunktion „und" einsetzen musst. Achte auch auf die richtigen Endungen.*

Ein erfolgreiches Projekt

Für unsere Projekttage hatten wir diesmal eine (besonders/einmalig/alle überzeugend) Idee. Wir wollten (drei/verschieden/farbig) Kalendervorlagen mit Fotos aus unserem Heimatgebiet gestalten. Einer der Kalender sollte Aufnahmen von (Mühlen/Klöster/Kirchen) und (gut erhalten/historisch/wertvoll) Fachwerkbauten enthalten, einen anderen planten wir mit Naturaufnahmen. Fotos von (rot/gelb/braun) gefärbten Laubbäumen, von bunten Wiesen mit (Mohnblüten/Glockenblumen/Schafgarbe) und Bilder von Winterlandschaften sollten den einzelnen Monaten zugeordnet werden. Ein dritter Kalender enthielt Rezepte, die zu den Monaten passten. Dazu zeichneten jüngere Schülerinnen und Schüler (lustig/fantasievoll/farbig) Bilder. Die Kalender wurden dann (gedruckt/gebunden/mit einem Deckblatt versehen) an (Eltern/Freunde/Geschäftsleute/andere Interessenten) verkauft.

6. *Schreibe einen Übungstext zu einem ähnlichen Thema und diktiere ihn anschließend deinem Banknachbarn. Verwende dabei Aufzählungen von Nomen, Adjektiven und Verben. Achte darauf, dass in deinem Text sowohl Wörter als auch Wortgruppen vorkommen.*

Die Tuareg

Am Rande der Sahara leben die Tuareg, ein Nomadenvolk. | Nomaden nennt man Völkerstämme, | die keinen festen Wohnsitz haben | und auf der Suche nach geeigneten Weideplätzen ständig unterwegs sind. | Mit Kamel-, Schaf- und Ziegenherden ziehen sie quer durch die Wüste. | Ihre Tiere liefern ihnen alles Lebensnotwendige: | Milch, Butter, Wolle und Leder. | In Karawanen transportieren die Nomaden vielerlei Waren. | Diese Aufgabe haben aber heute vielfach Lastwagen übernommen. |
Früher besaßen die Tuareg in den Oasen Land, | auf dem sie von schwarzen Sklaven | Gerste, Hirse und Weizen anbauen ließen. | Sie konnten auch Datteln, Melonen, Aprikosen, | Orangen und Oliven ernten, | weil es in den Oasen Süßwasser gibt. |
Bei den meist blau gekleideten Tuareg gehört das Zelt, | das aus Ziegenhaar gewebt ist, | jeweils der ältesten Frau einer Großfamilie. | Die Frauen sind auch für den Auf- und Abbau der Zelte verantwortlich. |
Nomaden gibt es zum Beispiel auch im Hochland von Anatolien, | in Lappland und bei den Eskimos. 150

<u>Tafel</u>: Tuareg, Sahara, Anatolien

1. ***a)*** *Unterstreiche im Text alle Aufzählungen. Wann wird ein Komma gesetzt, wann nicht? Durch welche Konjunktionen können Aufzählungen verbunden werden?*
b) *Im ersten Absatz steht vor einer Aufzählung ein Doppelpunkt. Versuche das zu erklären.*

2. ***a)*** *Ergänze die folgenden Aufzählungen.*
Bei einem Besuch im Zoo kann man Elefanten, ... sehen.
Zum Futterhäuschen kommen Dompfaffen, ...
Im Wald leben Hasen, ...
Im Herbst färben sich die Blätter gelb, ...
Pinguine können robben, ...
Im Turnunterricht müssen wir laufen, ...
Wenn der Frühling kommt, fangen Krokusse, ... zu blühen an.
Auf einem Bauernhof kann man Kühe, ... sehen.
b) *Bestimme die Wortarten der Aufzählungen.*

3. *In den folgenden Sätzen steht vor der Aufzählung ein Doppelpunkt.*
Im Zoo kann man Tiere aus fernen Ländern sehen: Elefanten, ...
Im Herbst färbt sich das Laub der Bäume bunt: gelb, ...
Im Turnunterricht trainieren wir unseren Körper: Wir laufen, ...
a) *Vergleiche diese Sätze mit denen von Aufgabe 2. Was hat sich verändert?*
b) *Was wird näher erklärt? Unterstreiche das jeweilige Bezugswort.*
c) *Wodurch unterscheidet sich die Aufzählung im dritten Satz von den anderen beiden? Warum wird hier das Personalpronomen „wir" nach dem Doppelpunkt großgeschrieben? Durch welche Satzzeichen kannst du den Doppelpunkt in diesem Fall ersetzen?*

4. *Den Doppelpunkt kennst du auch aus der wörtlichen Rede. Ergänze die fehlenden Satzzeichen.*
Tanja erzählt Heute waren wir mit unserem Biologielehrer im Zoo Wir haben dort die Bären besucht Erstaunt fragt ihre Mutter Warum nur die Bären und nicht auch Kamele Lamas Elefanten und Giraffen
Tanja erklärt Wir wollten einmal nur die Bären kennen lernen Braunbären Eisbären Waschbären Koalabären und Pandabären Torsten sieht interessiert von seiner Bastelarbeit hoch legt die Schere beiseite und fragt Haben die Eisbären nicht vor kurzem Junge bekommen Mutter erinnert sich Letzte Woche stand darüber etwas in der Zeitung Tanja meint Am Sonntag könnten wir doch zusammen in den Zoo gehen wir Oma Opa Tante Klara und Onkel Paul Dann zeige ich euch die Bären

5. ***a)*** *Schreibe aus dem Text über die Nomaden die Relativsätze heraus. Wie werden sie eingeleitet?*
b) *Wiederhole, was du über Relativsätze gelernt hast. Bilde Satzgefüge mit Relativsätzen. Achte auf die Groß- und Kleinschreibung.*
1. Katzen und Tiger sind Raubtiere / lauern der Beute auf und töten sie
2. Schmetterlinge / waren vor kurzem hässliche Raupen / fliegen von Blume zu Blume
3. in den Oasen der Sahara wächst die Dattelpalme / reicht mit ihren Wurzeln bis in 30 Meter Tiefe
4. die Tuareg essen gerne Dattelbrot / wird aus den süßen Früchten der Dattelpalme gepresst

Wir suchen eine Jugendherberge

Für das zweite Schulhalbjahr wird eine Klassenfahrt in eine Jugendherberge an der Ostsee geplant. Die Suche nach einer geeigneten Unterkunft haben Undine und Tobias übernommen. Sie haben einen Brief entworfen, der an verschiedene Jugendherbergen geschickt werden soll.

Glücksburg, den 10. 11. 20..

Sehr geehrte Damen und Herren, |
wir suchen für Mai 20.. eine Unterkunft in einer Jugendherberge in Wassernähe. | Wir sind 25 Schülerinnen und Schüler, | dreizehn Jungen und zwölf Mädchen, und zwei Lehrer, | nämlich unsere Klassenlehrerin, Frau Wehner, und unser Sportlehrer, Herr Klaus. | Die Reservierung brauchen wir für sechs Nächte. | Innerhalb des Monats Mai sind wir flexibel, | wir könnten uns nach freien Terminen in Ihrem Haus richten. |
Über Ihre Jugendherberge haben wir schon viel Gutes von anderen Klassen unserer Schule gehört. | Der Ort Siegmundsburg gefällt uns sehr gut. | Wir hoffen, | dass Sie, sehr geehrte Damen und Herren, | uns bald eine Antwort schicken | und dass wir im Mai zu Ihnen kommen können. |
Mit freundlichen Grüßen |
Undine und Tobias

1. *Was ist bei Briefkopf und Anrede zu beachten?*

2. *Lies die folgenden Anreden und Grußformeln. Welche kennst du noch?*
   Werte ..., Liebe ..., Verehrte ...
   mit bestem Gruß, ...

3. *Nicht alle Anreden und Grußformeln, die du gesammelt hast, eignen sich für dieses Schreiben. Welche sind nur für private Briefe geeignet, welche sowohl für private als auch für offizielle Schreiben?*

4. *Wiederhole: Wie werden private Anreden und Anreden in der Höflichkeitsform geschrieben?*

5. *Entscheide: groß oder klein?*
1. Wir danken I/ihnen für die interessante Führung.
2. Hoffentlich haben S/sie wieder einmal Zeit für uns.
3. Überlegt E/euch, welches Buch I/ihr im Unterricht vorstellen wollt.
4. Ich komme zu D/dir und D/du hilfst mir bei den Aufgaben.

6. *Lies den Brief sorgfältig. Was ist deiner Meinung nach am Ausdruck nicht gelungen? Wie würdest du ihn abändern? Überarbeite den Text.*

7. *Erarbeite dir mit Hilfe eines Nachschlagewerks Regelwissen zur Zeichensetzung.*
a) *Ergänze die Satzzeichen. Wann setzt man einen Gedankenstrich, ein Frage- oder Ausrufezeichen?*
Ich lief zur Tür meine Eltern waren weggefahren und öffnete sie
Hast du deinen Koffer schon gepackt
Das habe ich dir jetzt schon dreimal gesagt
b) *Wo setzt man das Komma bei Anreden und Datumsangabe? Ergänze die Kommas.*
Liebe Tante Elsa zu deinem Geburtstag wünsche ich dir ...
Sehr geehrter Herr Lang morgen kann mein Sohn leider ...
Hallo meine Lieben endlich habe ich ein bisschen Zeit ...
Wir wünschen Ihnen verehrte Kundin auch im nächsten Jahr ...
Berlin den 5. Februar ...
Wir treffen uns am Samstag dem 7. August bei Johannes.
Schicken Sie mir den Artikel bis Freitag den 25. September und ...
c) *Formuliere jeweils eine Regel und notiere sie auf einer Karteikarte. Schreibe zu jeder Regel einen eigenen Beispielsatz.*

8. *Schreibt einen Brief an ein Schullandheim oder eine Jugendherberge, wendet euch an eure Stadt oder Gemeinde.*
Mögliche Anlässe: Ihr möchtet an einem bestimmten Tag die Sporthalle für einen Wettkampf mit einer Partnerschule nutzen, auf dem Sportplatz ein Fußballspiel mit einer befreundeten Mannschaft austragen, eine Klassenfahrt an die See, in die Berge machen, an einem Schikurs teilnehmen, ...

Emma ist verschwunden!

Das Telefon klingelte. | „Baumgartner“, meldete sich Susi. | Aus dem Hörer kam ein Schluchzen. | Susi rief: „Hallo, wer ist da?“ | „Ach Susi“, klagte Tanja, | „es ist etwas ganz Schreckliches passiert.“ | „Was denn?“, fragte Susi besorgt. | „Emma ist verschwunden! | Seit du gestern von mir weggegangen bist, | kann ich sie nirgends mehr finden“, klagte Tanja. | Susi versuchte ihre Freundin zu beruhigen: | „Vielleicht hat sie sich verkrochen | oder du hast sie aus Versehen irgendwo eingesperrt.“ | Daraufhin meinte Tanja nachdenklich: | „Da könntest du Recht haben. | Emma ist ja so klein, da übersieht man sie leicht.“ | „Lege ihr ein paar Süßigkeiten an ihre Lieblingsplätze, | dann wird sie schon wieder auftauchen!“, riet Susi ihrer Freundin begütigend. 109

1. *Wiederhole, was du zur Zeichensetzung bei der wörtlichen Rede gelernt hast.*

2. *Unterstreiche im Text die wörtliche Rede und die Redebegleitsätze in verschiedenen Farben.*
An welcher Stelle kann der Redebegleitsatz stehen? Welche Aufgabe erfüllt er?

3. **a)** *Schreibe aus dem Text die Sätze mit vorangestelltem Begleitsatz heraus. Wie wird dieser Begleitsatz noch genannt?*
b) *Schreibe nun die Sätze mit nachgestelltem Begleitsatz heraus.*
c) *Erkläre die Unterschiede in der Zeichensetzung.*
d) *Zeichne zu den Sätzen von Aufgabe a) und b) die Satzbilder.*

4. **a)** *Suche die Sätze mit eingeschobenem Redebegleitsatz heraus und schreibe sie ebenfalls in dein Heft.*
b) *Welche Besonderheit in der Zeichensetzung stellst du fest?*
c) *Zeichne das Satzbild zu diesen Sätzen.*

5. **a)** *Setze die fehlenden Satzzeichen.*

1. Warum hast du denn dein Zimmer noch nicht aufgeräumt fragte die Mutter. Ich habe den ganzen Nachmittag Schulaufgaben gemacht entgegnete ihre Tochter.

2. Ist die Alarmanlage ausgeschaltet flüsterte Ede oder sollen wir noch einmal nachsehen? Sein Kumpel antwortete Sie ist ausgeschaltet.
3. Ich band das Pferd an der Stange fest erzählte Münchhausen legte mich daneben und schlief ein. Und was geschah als du aufgewacht bist? fragten seine Freunde. Da hörte ich über mir ein Wiehern. Ich hatte mein Pferd an der Kirchturmspitze festgebunden!
4. Till Eulenspiegel schaute gebannt in die Luft. Was gibt es dort zu sehen? fragten die Leute. Eulenspiegel gab keine Antwort und starrte weiter zum Himmel empor. Schließlich riefen einige Merkt ihr nicht, dass er uns zum Narren hält?

b) *Unterstreiche die vorangestellten Begleitsätze grün, die nachgestellten blau und die eingeschobenen rot.*

c) *Im dritten Absatz stehen zwei Sätze in wörtlicher Rede ohne Begleitsatz. Wieso weißt du trotzdem, wer da spricht?*

6. ***a)*** *Lass dir den folgenden Text diktieren und korrigiere ihn sorgfältig mit Hilfe der Vorlage. Achte ganz besonders auf die Zeichensetzung.*

Ein Kriminalfall

„Ich wüsste zu gern, was Jule damit gemeint hat!“, grübelte Matthias laut. Sein Freund zuckte mit den Achseln und sagte: „Ach, das kann uns doch egal sein.“ „Aber was geschieht, wenn hier wirklich etwas vergraben ist“, ließ Matthias nicht locker, „und wir uns dann ärgern, weil wir nicht nachgesehen haben?“ „Na gut“, lenkte Paul ein, „lass uns einen Spaten holen und nachsehen.“

b) *Was könnten die Freunde finden? Schreibe die Kriminalgeschichte zu Ende. Verwende dabei die wörtliche Rede.*

7. *Schreibe zu jedem Satzbild zwei Sätze in dein Heft.*

1. __________ : „ __________ .“
2. „ __________ “, __________ .
3. __________ , „ __________ ?“
4. „ __________ !“, __________ .
5. „ __________ “, __________ , „ __________ .“

Ein Missverständnis

(1) Bei Familie Gräfe geht es demokratisch zu. | (2) Bei vielen Entscheidungen, zum Beispiel wenn es um den Urlaub geht, | dürfen die beiden Kinder mitbestimmen. | (3) Dajana, die vierzehnjährige Tochter, sagt: | „Ich finde es selbstverständlich, | dass ich meine Wünsche vortragen kann, | aber der acht Jahre alte Knirps hat doch keine Ahnung.“ | (4) Der Knirps ist Thomas, ihr Bruder. | (5) Thomas hat dazu eine ganz andere Meinung. | (6) „Wir wollen dorthin fahren, wo die Leute kriechen“, | fordert er lautstark. | 72

(7) Nun ist guter Rat teuer. | (8) „Wo ist das, wo die Leute kriechen?“, | fragen Mutter, Vater und Schwester wie aus einem Mund. | (9) „Na dort“, sagt Thomas, „wo es warm ist und wo die Götter leben. | (10) Dajana hat doch zum Geburtstag ein Buch bekommen. | (11) Da steht etwas von den Göttern drin.“ | (12) Langsam dämmert es den anderen. | (13) „Meinst du vielleicht“, fragt ihn schließlich die Mutter, | „wir sollen nach Griechenland fahren?“ | (14) „Na, sag ich doch“, antwortet Thomas, | „wir wollen dorthin, wo die Leute kriechen.“ 80

1. *Schreibe den Text ab. Lies ihn dazu Satz für Satz durch, decke den Text dann ab, schreibe den Satz auf und kontrolliere die Rechtschreibung. Beachte dabei vor allem die Zeichensetzung.*
   Schreibe die Wörter, die du falsch geschrieben hast, richtig unter deinen Text.

2. ***a)*** *Wiederhole: Was ist eine Apposition? Wie wird sie vom übrigen Satz abgetrennt?*
   b) *Was ist ein Satzgefüge? Woran erkennst du einen Nebensatz? Wie kann er eingeleitet werden?*
   c) *Wiederhole die entsprechenden Kommaregeln.*

3. *Bearbeite den Diktattext unter folgenden Gesichtspunkten.*
   a) *Schreibe aus dem Text alle Sätze heraus, die eine Apposition enthalten.*
   b) *Schreibe alle Sätze mit eingeschobenem Nebensatz heraus, unterstreiche die Hauptsätze blau und die Nebensätze grün.*

4. *Zeichne die Satzbilder von den Sätzen 3, 6, 8 und 13.*
Beispiel für eine angekündigte Rede:
Meine Freundin sagt: „Es ist doch selbstverständlich,
______Begleitsatz______ : „ __________HS__________ ,
dass du mitbestimmen darfst, wo die Reise hingehen soll."
\- - - - - NS (1. Ordnung) - - - - - , - - - - - NS (2. Ordnung) - - - - - ."

5. *Suche nun aus dem Text die restlichen Hauptsätze heraus. Unterstreiche auch sie blau. Lies anschließend die Nebensätze vor. Kennzeichne sie wie die eingeschobenen Nebensätze mit einer grünen Wellenlinie.*
Begründe jeweils die Kommasetzung.

6. *Schreibe die Sätze 3 mit 6 um, sodass keine wörtliche Rede vorkommt. Beginne so:*
Dajana, die vierzehnjährige Tochter, hält es für ganz selbstverständlich, dass sie ...

7. *Schreibt über ein Problem, das ihr in eurer Familie besprochen habt. Vielleicht habt ihr euch über den geplanten Schiurlaub unterhalten oder darüber, wie ein Geburtstag, eine Party, eine Fahrt am Wochenende oder eine Kurzreise verlaufen soll. Verwendet dabei die wörtliche Rede und achtet besonders auf die Zeichensetzung.*

8. *Was wisst ihr über Griechenland? Berichtet vor der Klasse. Vielleicht könnt ihr einen Projekttag organisieren, an dem ihr Griechenland vorstellt. Ihr könnt dazu passende Bilder ausstellen, griechische Musik spielen und griechische Speisen zubereiten.*

Indianerkinder

Indianerkinder verbringen den größten Teil ihres ersten Lebensjahres in einer engen Kindertrage. | Ihre Mütter können sie so besser überallhin mitnehmen. | Später kümmern sich Tanten, Onkel und andere Verwandte um sie, | damit die Kinder mit der Lebensweise des Stammes vertraut werden. | Die Mädchen gerben Leder, | kochen, töpfern und flechten Körbe, | die Jungen stellen verschiedene Geräte und Waffen her. | Sobald die Kinder laufen können, | lässt man ihnen viel Freiheit. | Der Beginn der Pubertät wird oft mit einem großen Fest gefeiert, | denn aus dem Kind wird jetzt ein Erwachsener. | Das ist auch der Grund dafür, | dass viele Mädchen und Jungen aus diesem Anlass einen neuen Namen erhalten. 104

Die Indianer. Gütersloh: Bertelsmann Lexikon Verlag 1995, S. 12 (gekürzt und verändert).

Tafel: Pubertät

1. *Lies dein Diktat aufmerksam durch und korrigiere es anhand der Textvorlage. Achte vor allem auf die Kommasetzung.*
   Markiere in deinem Diktat alle Kommas, die zu einer Aufzählung gehören, mit einem blauen Kreis.

2. *Setze die Kommas in den folgenden Aufzählungen.*
   1. Zum Geburtstag lud ich Tante Klara Sabine unsere Nachbarskinder und viele meiner Klassenkameraden ein.
   2. Auf dem Bauernhof waren Kühe Schafe Hühner Katzen und Hunde zu sehen.
   3. Für den Wandertag sollen wir feste Schuhe einen warmen Pullover Handschuhe eine Mütze und eine Regenjacke anziehen.
   4. In unserem Garten blühen Krokusse Tulpen und Narzissen.

3. *Unterstreiche den Hauptsatz und den Nebensatz in verschiedenen Farben und setze die fehlenden Kommas.*
   1. Ich bin mit dem Rad gefahren denn das Wetter war sehr schön.
   2. Sie musste das Auto benutzen weil es regnete.
   3. Sie ist in die Stadt gefahren obwohl sie wenig Zeit hatte.
   4. Der Bus kam so spät dass Markus die Aufführung verpasste.

4. ***a)*** *Ziehe um die Konjunktionen in Aufgabe 3 einen roten Kreis und schreibe sie heraus. Welche anderen Konjunktionen kennst du noch?*
b) *Wiederhole, welche Konjunktionen Satzreihen und welche Satzgefüge verbinden.*

5. *Bilde Satzverbindungen, indem du zwischen zwei Hauptsätze ein Komma oder die Konjunktion „und" setzt.*

1. Die Kinder spielten auf dem Spielplatz. Die Mütter und Väter saßen auf den Bänken.
2. Paula warf die Angel aus. Der Fisch biss an. Sie zog ihn aus dem Wasser.
3. Beide Brüder waren geschickte Torhüter. Sie hielten fast jeden Ball.
4. Frauke setzte sich auf ihren Platz. Das Licht erlosch. Der Vorhang ging auf.

6. *Verbinde die folgenden Sätze mit einer der nebenordnenden Konjunktionen „denn", „sondern", „aber", „doch".*

1. Herr Schneider schaut einen Spielfilm an. Sein Sohn möchte das Fußballspiel sehen.
2. Susi wünscht sich zum Geburtstag ein Buch. Philipp kauft ihr eine CD mit Popmusik.
3. Daniela kann seit letzter Woche nicht am Turnunterricht teilnehmen. Sie hat sich beim Schifahren das rechte Bein gebrochen.
4. Beim diesjährigen Schulfest besuchen die Eltern nicht nur den Basar. Sie gehen auch am Abend ins Abschlusskonzert. Ihre Tochter spielt dort Klavier.

7. *Verbinde die Hauptsätze mit den unterordnenden Konjunktionen „weil", „damit", „wenn", „bevor" zu Satzgefügen.*

1. Ich habe den Kühlschrank geplündert. Ich hatte einen Bärenhunger.
2. Frieda spielt Klavier. Ihre Schwester darf nicht Radio hören.
3. Wir nehmen am besten das Auto. Wir kommen rechtzeitig an.
4. Niemand kannte Alexander. Er lief als Erster ins Ziel.

Die kluge Tochter

Es waren einmal zwei Brüder, | ein armer und ein reicher, | die gerieten miteinander in Streit. | Ihr Herr, der ihren Zwist schlichten wollte, | gab ihnen ein Rätsel auf: | „Was auf der Welt ist am fettesten, | was am schnellsten und was braucht der Mensch jeden Tag aufs Neue?“ |
Der Reiche dachte bei sich, | das sei gar kein Rätsel | und die Lösung daher ganz einfach. | „Am fettesten, Herr, sind eure Schweine, | am schnellsten eure Hunde | und jeden Tag braucht man aufs Neue Geld“, | so sprach der Reiche anderntags zu seinem Herrn. | „Ganz falsch!“, rief da der Herr erzürnt | und wandte sich an den Armen. |
Der Arme aber, | der zuvor seine kluge Tochter um ihren Rat gebeten hatte, sprach: | „Es gibt nichts Fetteres als die liebe Erde, Herr. | Sie tränkt und ernährt uns | und macht alle satt. | Am schnellsten ist der Gedanke, | mit dem kann man fliegen, | wohin man will. | Und jeden Tag“, beendete der Arme seine Rede, | „braucht der Mensch aufs Neue Schlaf. | Er lässt alles stehen und liegen, | nur um zu schlafen.“ 170

Nach einem ukrainischen Märchen

Das Rathaus zu Schilda

Als die Bürger von Schilda, | die so genannten Schildbürger, | das neue Rathaus fertig gebaut hatten, | weihten sie es feierlich ein. | Kaum hatten sie das Gebäude betreten, | da stolperten sie schon, stießen einander, | schlugen mit den Köpfen gegen die Türstöcke | und traten sich gegenseitig auf die Füße. | Mit blauen Flecken und blutenden Nasen | kamen sie unter Wehgeschrei wieder heraus. | „Was ist denn mit euch passiert?“, fragten die Umstehenden. | „In unserem Rathaus ist es stockfinster!“, | rief der Schuster. | Der Bäcker bestätigte: | „Man kann nirgends etwas sehen.“ | 84

Ratlosigkeit machte sich breit. | Die Schildbürger zogen die Stirn in Falten, | kniffen den Mund zusammen, | kratzten sich hinter dem Ohr und dachten nach. | „Ich glaube, ich habe eine Idee“, | meinte zögernd der Schneider, | „es könnte deshalb so finster sein, weil das Licht fehlt.“ | „Er hat Recht!“, rief der Schmied. | „Natürlich“, staunten die Schildbürger, | „wir brauchen Licht im Rathaus!“ | Der Schneider, der auf seine Idee sehr stolz war, | machte auch gleich einen Vorschlag, | wie Licht in das Gebäude zu bringen sei. | Und kurz darauf liefen die Frauen und Männer von Schilda | mit Eimern, Töpfen und Schüsseln, | ja sogar mit Pfannen herbei, | schöpften Licht in die Gefäße, so viel nur hineinpassen wollte, | und trugen es vorsichtig ins Rathaus. 116

Lösungshinweise

Seite 9, Aufgabe 3a: -ll, -mm, -nn, -pp, -ss, -tt, -ck, -tz, -ng, -st; **Aufgabe 3b:** bb, gg, dd, rr; ls, nk, rk, rz; Dogge, paddeln, blubbern; **Aufgabe 5:** Mokka, Mekka; Pizza, Razzia; **Aufgabe 7:** Recke, Decke, Hecke; Fall, Knall, Wall; Stücke, Lücke, pflücke; Klasse, Masse, Rasse; Würze, Kürze, stürze.

Seite 10, Aufgabe 1b: Mittelalter, Fürsten, oft, wurden, benutzt.

Seite 11, Aufgabe 4: Mittag, inmitten; essen, essbar; flüssig, Fluss; Völlegefühl, völlig, vollends; Herr, Herrschaft; Klappe, klapprig; platt, plätten, Plattdeutsch.

Seite 12, Aufgabe 3: Aussprache, „fremde" Schreibung, unklare Bedeutung.

Seite 13, Aufgabe 5a: i – ph – th – rh – c – age – kk – y; **Aufgabe 5b:** Biber, Stativ; Teleph(f)on, Metapher; These, Thema; Rhetorik, Rheuma; Cello, Camping; Garage, Loge; Mokka, Mekka; Hobby, Lobby.

Seite 17, Aufgabe 4a: aufstocken, verstockt; zerhacken, abgehackt; zupacken, verpacken; anecken, eckig; **Aufgabe 4b:** Spazierstock, Blumenstock, Stockwerk; Familienpackung, Packmaterial, Doppelpack; Käseecke, Straßenecke, Viereck; **Aufgabe 5:** Hacke, Ikone, Imker, jucken, Kakao, Kaktus, keck, Klecks, Leck, Lektüre, meckern, Mokka, Mücke, Nacken, Nektarine, ocker, packen, Paket, Reck, Reklame, Sack, Sekt, Sekte, Traktor, Trick, wackeln, Wecker, werken, Zacke, Zink, Zirkus, Zucker.

Seite 18, Aufgabe 2c: Spaziergang, platzen, wetzen, kratzen, putzen, März, Kitz, Ritze, reizen, Herz, flitzen, Weizen.

Seite 19, Aufgabe 4: ärztlich, Putz, Besetzung, Herzschmerzen, Spitzel, zerkratzt, Heizkissen, Geizkragen, Sitzung, Abkürzung.

Seite 21, Aufgabe 4a: bb, dd, gg, kk, zz; **Aufgabe 4b:** Robbe, Paddel, Bagger, Akkordeon, Skizze; **Aufgabe 6:** Kiste, Knüppel, Kasse, Panzer, Hacke, Pudding, Makkaroni, Essig, Büffel, Bagger.

Seite 27, Aufgabe 5: Maat, Saat, Staat; Beet, Fee, Heer, Klee, leer, Meer, Seele, Teer, Allee, Gelee, Kaffee; doof, Zoo; **Aufgabe 7a:** Schnee, Gelee, Meer, doof, Zoo, Fee, See, Tee, Haar, Moor, Allee, Kaffee.

Seite 28, Aufgabe 4: Waagen, wagen, Kaffee, Café, mehr, Meer, sehen, Seen, Boote, Bote.

Seite 29, Aufgabe 6: Floß, Stoß, bloß, Schoß; Glas, was, Fraß, saß, Maß, das, Spaß; Quere, Leere, Lehre, Meere; Wahl, Qual, Pfahl, fahl, stahl, Mal, Mahl, kahl, Saal; miese, diese, Liese, hieße; Mohr, vor, verlor, Tor, Ohr, schwor.

Seite 33, Aufgabe 5: Mahl, Mahlzeit, Mahlstein, Festmahl, allmählich; Maler, malen, Bemalung, Gemälde, malerisch.

Seite 35, Aufgabe 5: trieb, triefend, lief, ließ, spielen, fliegen; **Aufgabe 6:** spiegeln, sprießen, zielen, wiegen, lieben, schieben.

Seite 39, Aufgabe 7: abnehmen, hübsch, Hieb, Kalb, Leib, Lob, halb, Dieb, Klub, Korb, lieb, Zirpen, Abschied.

Seite 41, Aufgabe 4a: empfindsam, Empfindung; frösteln, frieren; sich abfinden, vorfinden; folglich, Folge; Fröhlichkeit, unfroh; frühestens, Frühe; Verzeihung, unverzeihlich.

Seite 43, Aufgabe 6a: aufstehen, abstehen; absuchen, Versuchung; entlaufen, verlaufen; verfinstern, Finsternis; vorschlagen, abschlagen; spielerisch, sich verspielen.

Seite 47, Aufgabe 2: einwachsen, wachsweich, Bienenwachs, Wachsblumen; Büchsenfleisch, Büchsenmilch, Büchsenöffner; Büchsenschuss, Schrotbüchse; Box, Boxer, Boxkampf, Boxhandschuh; Pferdebox; verwachsen, Erwachsener, aufwachsen, kleinwüchsig; wechselhaft, Wildwechsel, Geldwechsel, verwechseln.

Seite 54, Aufgabe 3: Weidegras, Mischgras, grasen; Glasbläser, Trinkglas, glasklar; Süßstoff, süßsauer, süßlich, zuckersüß; genussvoll, Genusssucht, Genussmittel; Vergessenheit, unvergessen, Vergesslichkeit, Vergissmeinnicht; Nebenstraße, Straßenbahn, Straßendorf; nasskalt, nässen, Nassschnee, das Nass; Spaßvogel, spaßen, spaßig.

Seite 55, Aufgabe 5: weise, Gleise, Preise, preise, Reise, Meise, leise; bloß, Floß, Schoß, Kloß; Bass, Fass, blass, nass, Pass; Masse, Tasse, fasse, Trasse, Terrasse; **Aufgabe 6:** Fischreuse: sackartiges Netz, mit dem bestimmte Fischarten gefangen werden.

Seite 57, Aufgabe 4: Maus, verreisen, Eisen, Eisdecke, leise, weise, weismachen, weißen, riesig, Besserwisser, Fußball, rasen.

Seite 64, Aufgabe 2: Weisheit, Verlegenheit; Schwierigkeit, Heiterkeit; Hindernis, Bündnis; Wanderschaft, Rechenschaft; Eigentum, Brauchtum; Aufregung, Hoffnung.

Seite 65, Aufgabe 4a: -lich, -isch, -ig, -bar.

Seite 76, Aufgabe 3: Lüneburger Heide, Hamburger Hafen, Schweizer Käse, Meißner Porzellan, Ulmer Münster, Baseler Fasnacht; Friesische Inseln, Sächsische Schweiz; aber: chinesischer Tee, polnische Gänse.

Seite 82, Aufgabe 3: Marktplatz, Flugplatz, Turnierplatz, Sportplatz; Notenblatt, Birkenblatt, Notizblatt, Rosenblatt; Nordsee, Tiefsee; Bachblüte, Tulpenblüte, Rosenblüte; Schulbuch, Kochbuch, Notizbuch, Tagebuch; Kochtopf, Blumentopf; Wintergarten, Kindergarten, Schrebergarten.

Seite 83, Aufgabe 4: Baumkuchen, Baumhaus, Baumschule; Kerzenständer, Kerzenlicht, Kerzendocht; Apfelkern, Apfelkuchen, Apfelbaum; Hausmeister, Haustier, Hausfrau; Reisebüro, Reisetasche, Reisebus; Schultasche, Schultüte, Schulhaus.

Seite 88, Aufgabe 2: Haubarg: Nordfriesisches Bauernhaus mit Reetdach, Wohnstätte für Mensch und Tier; unter dem hohen Dach wird das Heu gelagert. – Koog: Marschland, das dem Meer abgewonnen ist und durch Deiche geschützt wird.

Seite 93, Aufgabe 7: ein Gros: 12 Dutzend bzw. 144 Stück; ein Schock: 60 Stück.

Seite 98, Aufgabe 2a: Elefanten, Affen und Löwen; Dompfaffen, Meisen und Spatzen; Hasen, Füchse und Eichhörnchen; gelb, rot und orange; robben, schwimmen und tauchen; laufen, springen und tanzen; Krokusse, Tulpen und Narzissen; Kühe, Hühner und Schweine.

Seite 99, Aufgabe 4: Tanja erzählt: „Heute waren wir mit unserem Biologielehrer im Zoo. Wir haben dort die Bären besucht." Erstaunt fragt ihre Mutter: „Warum nur die Bären und nicht auch Kamele, Lamas, Elefanten und Giraffen?" Tanja erklärt: „Wir wollten einmal nur die Bären kennen lernen: Braunbären, Eisbären, Waschbären, Koalabären und Pandabären." Torsten sieht interessiert von seiner Bastelarbeit hoch, legt die Schere beiseite und fragt: „Haben die Eisbären nicht vor kurzem Junge bekommen?" Mutter erinnert sich: „Letzte Woche stand darüber etwas in der Zeitung." Tanja meint: „Am Sonntag könnten wir doch zusammen in den Zoo gehen: wir, Oma, Opa, Tante Klara und Onkel Paul. Dann zeige ich euch die Bären."

Seite 102, Aufgabe 5a: 1. „Warum hast du denn dein Zimmer noch nicht aufgeräumt?", fragte die Mutter. „Ich habe den ganzen Nachmittag Schulaufgaben gemacht", entgegnete ihre Tochter. 2. „Ist die Alarmanlage ausgeschaltet", flüsterte Ede, „oder sollen wir noch einmal nachsehen?" Sein Kumpel antwortete: „Sie ist ausgeschaltet." 3. „Ich band das Pferd an der Stange fest", erzählte Münchhausen, „legte mich daneben und schlief ein." „Und was geschah, als du aufgewacht bist?", fragten seine Freunde. „Da hörte ich über mir ein Wiehern. Ich hatte mein Pferd an der Kirchturmspitze festgebunden!" 4. Till Eulenspiegel schaute gebannt in die Luft. „Was gibt es dort zu sehen?", fragten die Leute. Eulenspiegel gab keine Antwort und starrte weiter zum Himmel empor. Schließlich riefen einige: „Merkt ihr nicht, dass er uns zum Narren hält?"

Seite 107, Aufgabe 6: 1. Herr Schneider schaut einen Spielfilm an, aber sein Sohn möchte das Fußballspiel sehen. 2. Susi wünscht sich zum Geburtstag ein Buch, doch Philipp kauft ihr eine CD mit Popmusik. 3. Daniela kann seit letzter Woche nicht am Turnunterricht teilnehmen, denn sie hat sich beim Schifahren das rechte Bein gebrochen. 4. Beim diesjährigen Schulfest besuchen die Eltern nicht nur den Basar, sondern sie gehen auch am Abend ins Abschlusskonzert, denn ihre Tochter spielt dort Klavier. **Aufgabe 7:** 1. Ich habe den Kühlschrank geplündert, weil ich einen Bärenhunger hatte. 2. Wenn Frieda Klavier spielt, darf ihre Schwester nicht Radio hören. 3. Wir nehmen am besten das Auto, damit wir rechtzeitig ankommen. 4. Niemand kannte Alexander, bevor er als Erster ins Ziel lief.